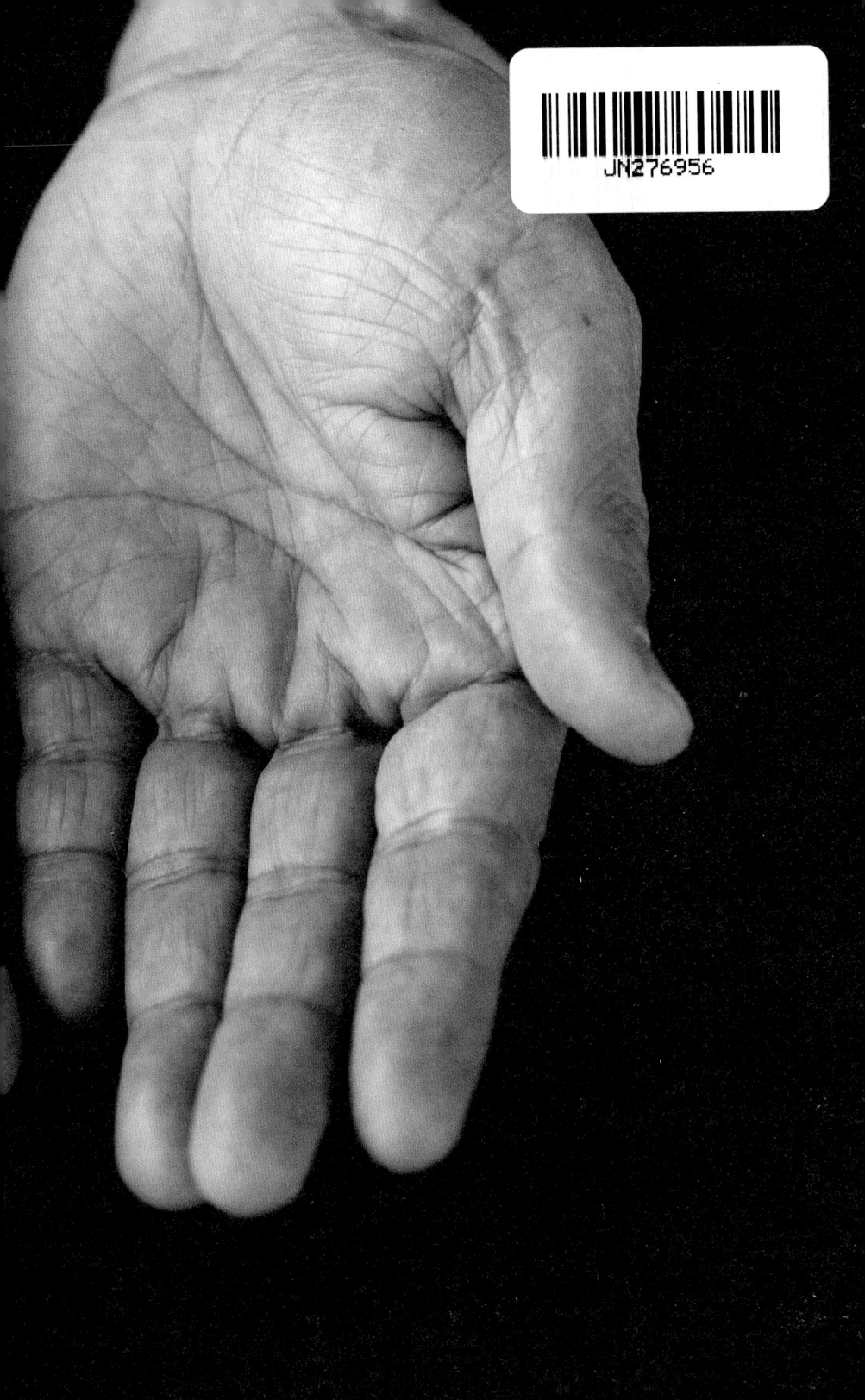

TADAO ANDO and His Recollection

TADAO
ANDO
Insight Guide

50
Keywords
about
TADAO ANDO

Contributing Writers
Tadao Ando
Kazukiyo Matsuba
Tadao Ando Insight Guide Committee
Project Manager & Art Director
Issen Okamoto
Planner
Toshihiko Kaminishi (Kodansha-BC)
Editors
Miyu Narita
Rie Nakajima
Photographers
Mikio Hasui
Shigeki Kuribayashi
Designers
Naoko Onoda, Yuka Yamazaki, Nobuhiro Nakagawa,
Ikuo Ozaki, Shinichi Hanafusa, Takuya Tawara,
Kai Takahashi, Yuri Inoue, Teppei Nabeta, Yusuke Togashi,
Ryo Tajima, Chie Shibata, Miyuki Kotake
(o.i.g.d.c.)
Translator
Kayo Temel
Operating Designer
Mika Aoyama
Proofreaders
Yoshinobu Shimasaki
Akiho Kawata
Coordinators
Chikako Adachi, Masako Aoyama
(o.i.v.c.o.)
Accounting Staff
Kumiko Okamoto, Emiko Goto
(o.i.v.c.o.)
Print Manager
Tetsuro Kurihara (TOSHO Printing Co., Ltd.)
Print Scheduling
Takeshi Shibutani (TOSHO Printing Co., Ltd.)
Printing
TOSHO Printing Co., Ltd.

TADAO ANDO
and
His Recollection

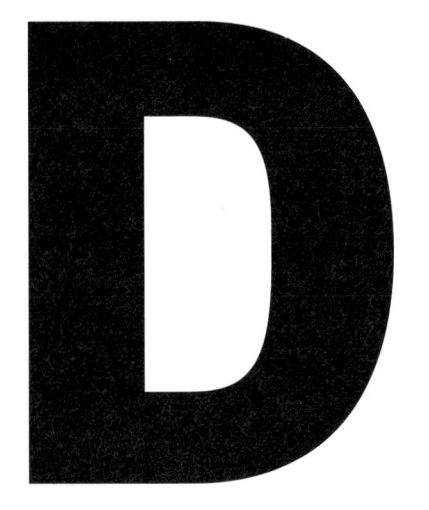

TADAO
DO

Insight Guide

50 Keywords about TADAO ANDO

Church on the Water, 1988

Hokkaido, Japan

Koshino House Addition, 1984

Hyogo, Japan

Photo: Shinkenchiku-sha

Koshino House Addition, 1984

Hyogo, Japan

Sayamaike Historical Museum, 2001

Osaka, Japan

FABRICA, 2000

Treviso, Italy

Chichu Art Museum, 2004

Kagawa, Japan

House in Monterrey, 2011

Photo: Shigeo Ogawa

Monterrey, Mexico

Contents

Prologue ... 22

序章　ANDOの原点

Chapter 1 / Osaka ... 72

第1章　大阪

大阪人の
公的精神が
つくり上げた街

Chapter 2 / Kobe ... 126

第2章　神戸

神戸人の愛情が
花を咲かせる街

Keyword

1 Professional Boxer
2 Kenzo Tange
3 Grand Tour
4 Le Corbusier
5 Exposed Concrete
6 GUTAI
7 Shitamachi Kara-Za
8 Tomishima House
9 Atelier in Oyodo Ⅱ
10 Church of the Light
11 Association for the Heisei-Era Alley of Cherry Blossoms Campaign
12 Suggestions for Osaka

Introduction
Part 1 / Osaka-jin's Landscape of the Heart

13 Midosuji
14 Happyakuyabashi
15 Sakuranomiya-Bahi Bridge and Shinsakuranomiya-Bashi Bridge

Part 2 / Nature of Osaka Merchant

16 Suntory Museum & Plaza
17 Asahi Beer Oyamazaki Villa Museum

Part 3 / Architecture and Environment

18 Chikatsu-Asuka Historical Museum
19 Sayamaike Historical Museum

Part 4 / Living in Osaka

20 Kamigata-Rakugo House
21 Shiba Ryotaro Memorial Museum
22 Japan World Exposition, Osaka, 1970

Introduction
Part 1 / Challenging Period as a Fledgling Architect

23 Kobe Kitano IjinKan
24 Rose Garden

Part 2 / Residence; Living in This Specific Place

25 Residences in Two Different Sumiyoshi
26 Rokko Housing

Part 3 / Recovery from Despair

27 Kobe Former Foreign Settlement
28 Recovery Projects
29 Hyogo Prefectural Museum of Art & Kobe Waterfront Plaza
30 Awaji-Yumebutai

プロボクサー	29
丹下健三	33
グランドツアー	37
ル・コルビュジエ	39
打ち放しコンクリート	43
具体美術協会	56
下町唐座	58
冨島邸	60
大淀のアトリエ Ⅱ	62
光の教会	64
桜の会・平成の通り抜け	66
都市に描く夢	68
序文　松葉一清	74
第1部　大阪人の原風景	76
御堂筋	82
八百八橋	86
桜宮橋と新桜宮橋	90
第2部　大阪商人としての資質	92
サントリーミュージアム［天保山］	96
アサヒビール大山崎山荘美術館	98
第3部　建築で環境をつくる	100
近つ飛鳥博物館	104
狭山池博物館	108
第4部　大阪に生きる	112
上方落語協会会館	117
司馬遼太郎記念館	120
大阪万博	125
序文　松葉一清	128
第1部　真剣勝負に挑んだ駆け出し時代	130
神戸北野異人館	134
ローズガーデン	136
第2部　住宅―その地に住むということ	138
二つの住吉の住宅	142
六甲の集合住宅	146
第3部　絶望からの再起	154
神戸旧居留地	158
復興プロジェクト	160
兵庫県立美術館+神戸市水際広場	162
淡路夢舞台	166

Chapter 3 / Naoshima	170	

第3章　直島

日本の美を
継承する
芸術の島

Chapter 4 / Tokyo	198	

第4章　東京

成熟する都市

Chapter 5 / Overseas	228	

第5章　海外

チームの力を
信じて

Introduction

Part 1 / Aesthetic Sense of the Japanese

Keyword # (31) ANDO MUSEUM
(32) Benesse House
(33) Art House Project "Minamidera"
(34) Chichu Art Museum
(35) Lee Ufan Museum

Part 2 / The Origin of Islanders' Pride

(36) Naoshima Noren Project

Introduction

Part 1 / Human Power and Technique

(37) Interfaculty Initiative in Information Studies Fukutake Hall
(38) 21_21 DESIGN SIGHT

Part 2 / Memory of the City

(39) Omotesando Hills
(40) Tokyu Toyoko-Line Shibuya Station
(41) Sengawa Project

Part 3 / Living Together with Nature

(42) Umi-No-Mori: Sea Forest

Introduction

(43) Japan Pavilion, EXPO '92, Sevilla
(44) FABRICA, Benetton Communication Research Center
(45) Palazzo Grassi Renovation
(46) Punta della Dogana Renovation
(47) Modern Art Museum of Fort Worth
(48) Pulitzer Foundation for the Arts
(49) Stone Sculpture Museum
(50) Art Center in Château La Coste

	page
序文　松葉一清	172
第1部　日本人の美意識	174
ANDO MUSEUM	177
ベネッセハウス	178
家プロジェクト「南寺」	184
地中美術館	188
李禹煥美術館	192
第2部　島民の誇りの源	194
直島のれんプロジェクト	196
序文　松葉一清	200
第1部　人間力と技術力	202
情報学環・福武ホール	206
21_21 DESIGN SIGHT	210
第2部　都市の記憶	212
表参道ヒルズ	216
東急東横線渋谷駅	218
仙川プロジェクト	222
第3部　自然とともに生きる	224
海の森	227
序文　松葉一清	230
セビリア万博 日本館	234
FABRICA	236
パラッツォ・グラッシ再生計画	240
プンタ・デラ・ドガーナ再生計画	242
フォートワース現代美術館	246
ピューリッツァー美術館	250
ストーン・スカルプチュア・ミュージアム	254
シャトー・ラ・コスト アートセンター	256

ANDO's Projects 1969-2012　安藤忠雄プロジェクト一覧 …………… 258
あとがき／写真協力／協力機関、協力者 …………… 262

脚注・データ欄について：記載している情報は竣工時または取材時のものです。／入館料などの料金は基本的に大人料金(消費税込み)のみを記載しています。／年末年始、ゴールデンウィーク、お盆、臨時休業などの休みは省略しています。／このガイドブックは特記以外、2012年12月現在の情報に基づいて編集しています。

本書は建築家・安藤忠雄が半生を振り返りながら、ゆかりの深い地でこれまでに手がけた建築や仕事に対する"記憶"を語る。その"記憶"の中に登場する建築、ヒトそしてコトをキーワードとしてつなぐことで、創造の原点から生き方にまで迫る、安藤忠雄の"記憶"を旅するためのガイドブックである。

序章　Prologue　文／安藤忠雄

ANDOの原点

現在、私が抱えているプロジェクト数は約40、そのうちの7割は海外のものだ。時代の流れでここ数年は中国、韓国、台湾といったアジア圏の国々での仕事が多くなり、2011（平成23）年はインドからも依頼を受けた。建築産業は、経済が上向きなところでこそ成立するものだから、この仕事をしていると、社会の動きをリアルに感じることができる。

とりわけ今、強く感じるのは、日本という国が本当に"弱くなった"という現実である。仕事でアジアの近隣諸国を訪れると、国際社会における日本の存在感がここ10年で急速に弱まっていることが分かる。世界の激しい動きや変化に鈍感でも生きていけるという島国の幸せで、まだかつての"経済大国ニッポン"の幻想を引きずっている人もいるようだが、よく考えてみれば20年前からずっと下り坂だったわけである。間違いなく、日本という船は沈みつつあるのだ。そんな時に東日本大震災、津波で日本の半分がやられた。私たちの国は今、まさに崖っぷちに立たされている。それなのに、政治は強力なリーダーシップを発揮するどころか、永らく内輪もめばかりで完全に機能不全の状態にあった。国民も疲れていて、怒り、立ち上がる元気がない。そんな社会状況の中で厭世的になっているのか、若者も内向きに閉じこもっていて、グローバル化する世界に対し、心が"鎖国"状態になっている。

この息苦しい日本の閉塞感をなんとかならないかと思うが、なんともならない。目指すべき未来の光も見えない。本当に絶望的な状況だが、それでも私たちは日本人として、この国で生きていかなければならない。一人一人が個人のレベルで、死に物狂いでやっていくしかない。これからグローバル化する一方であるだろう新しい時代の社会で

> 身近にあった
> 京都や奈良の
> 庭園や古建築に
> 深い影響を
> 受けている

未来を切り拓くのは個の力、人間力である

—— Tadao Ando

The Origin of Tadao Ando

"It is individual power, that is, human power to carve out the future."

闘って、仕事がないならば自分でつくるという気概で、生き抜いていくしかない。

その時、頼りになるのは原始的な人間の野性であり、もう一つ、私たちの中にある、受け継がれてきた日本人の遺伝子、日本のスピリットだろう。破綻したのはあくまで社会の"システム"であって、日本人という民族の心の豊かさ、その本質に変わりはない。一人一人が動き出せば、流れはきっと変わるだろうと私は思っている。そのためには、次代を担う子どもたちを飼いならして野性を殺すような教育を改め、個人がつねに考えて生きる緊張感を社会が取り戻さないといけない。

そうした視点から私自身の生い立ちを振り返ると——生い立ちといってもごく普通の大阪下町生まれ、下町育ちで、それほどドラマティックな話があるわけではないが——1941（昭和16）年に生まれ、日本人の魂を一人一人がまだ強くもっていた時代に少年期を送ったことからは、今の緩みきった社会の空気を見るにつけ、大きな影響を受けたと実感している。

建築家としても、生まれ育った関西という地域の風景に対しては、特別な感覚がある。新しい建築のデザインを考える時、まったく白紙の、ゼロの状態から発想できる人もいるだろうが、私の場合は目の前の敷地の個性や、過去に見て感動した空間、風景の記憶など、つねにいろいろなものに影響されながらイマジネーションを膨らませる。その意味で、子どもの頃から親しんできた京都や奈良の庭園や古建築には、深い影響を受けているように思う。

雪が降る2011（平成23）年の正月、久しぶりにゆっくりと京都の銀閣寺を訪ねた。あそこは庭がいい。あの白砂の造形には、日本人の文化的感性の最上級の部分が表れて

Text by Tadao Ando

いると思う。この時も銀沙灘*1、向月台*2と呼ばれる砂の彫刻庭園と、しんしんと降り続ける雪の白が一体化したなんとも幻想的な風景に、「足利義政はここまで計算してつくったのだろうか」とショックさえ感じた。

　日本の伝統建築の素晴らしさは、木造によるプロポーションの美しさや、ディテールの繊細さといった形の問題もさることながら、やはりその建物と自然との関係のつくり方にこそあるのだと思う。春夏秋冬、それぞれの季節ならではの時間を楽しむ感性を、貴族階級だけでなく一般庶民までが当たり前にもっていた。それを最大限生かすべく創意工夫を積み重ね、育まれたのが日本建築なのだといえるだろう。

　あくまで自然に拠る文化のため、地域による違いも豊かに表れる。歴史的背景や地勢の違いからか、同じ古都でも京都と奈良ではかなり雰囲気が違う。京都では建物よりも、そこから見る断片の自然の風景が印象に残るが、奈良では、東大寺の南大門や大仏殿に象徴されるような、自然に拮抗する建物の力強さが際立っている。

> 職住近接の
> 下町で
> とてもにぎやかな
> 環境で育った

　奈良の古建築で自分の原点にあるものを一つ挙げろといわれたら、唐招提寺だろうか。参道を進んでいくと、両側の植え込みで隠されていた建物の左右の広がりが徐々に見えてくる。あの前面に輝く美しい列柱は、柱中央部のふくらみや、端部の柱間の視覚補正の手法など、アテネのパルテノン神殿の列柱の手法との類似がいわれる。唐招提寺が帰化僧・鑑真和上によってつくられた8世紀末、天平の時代、唐の時代の中国を介して中近東、ギリシャと日本がつながったのかもしれない——と想像力を膨ませると、なんとも壮大な気分になるが、ともかくあの基壇の上に立つ列柱の表現が、時代も文化も超えた普遍的な力をもっていることは確かだろう。だからこそ、千年を経た今も、その建築が私たちの心に訴えかけてくるのだ。

Prologue

　時間に耐えて残っているすぐれた文化遺産というのは、今も"生きている"。その点、関西に生まれ育ち、近郊の古建築がごく近しい存在としてあったことは、建築家として生きる私にとって、大きな意味をもつように思う。

←安藤が描いた、古都・奈良の風景。

私が生まれ育ったのは、いわゆる長屋が建ち並ぶ通りで、隣に木工所、碁盤屋さん、碁石屋さん、鉄工所、ガラス屋さんなどいろいろな職人さんが住んでいるような典型的な下町だった。私は兵庫県に住んでいた両親ではなく、大阪に住む祖父母に育てられた。一人娘であった母を嫁がせる際、最初の子どもには実家を継がせる約束をしており、双子が生まれたため、兄の私が祖父母のもとで育てられることになったのだ。

もともと祖父母がいたのは大阪の港の近く、築港というところだった。そこで軍用の食糧供給会社を営んでいた。まあまあ羽振りはよかったようだが、第2次大戦のたび重なる空襲で焼け出され、全財産を失った。

疎開先から大阪市旭区の下町の長屋に移ったのは、確か私が4歳の時だったと思う。下町というのは、どこでも同じようなものだと思うが、職住近接のとてもにぎやかな環境だった。朝になるとカンカンカンカンと鉄を叩く音、木を削る音、野菜や食べ物を売る物売りの声など、町が徐々に生命を帯びてくる音が聞こえてくる。そういうところで、私は育った。そこでは、文学や音楽といった文化的な気配は微塵も感じられなかった。だいたい本棚がある家など一軒もなかったし、音楽といえばラジオから聞こえてくる歌謡曲がせいぜい。クラシック音楽なんて子どもの頃は存在すら知らなかった。

代わりに、遊ぶ相手と場所には困らなかった。大人は皆、日々の仕事に忙しく「勉強しろ」などと子どもに構っている暇はない。子どもは本当に自由だった。私も毎日学校が終わるとすぐ外に駆けだして、近所の子どもたちと一緒に野球や魚とりに興じたが、特に気に入っていたのは、向かいの木工所にもぐりこんで木端をもらい、何かをつくる工作遊びである。頑固で知られるおやじさんが子どもには意外と優しく、「思い通りの形を削り出すには、それぞれの木の性質を考えなきゃだめなんだ」、「単純で退屈な作業の積み重ねの末にこそ、確かな仕事が完成する」といったような、ものづくりのイロハを少ない言葉で訥々と教えてくれた。

小学校4年生の頃から模型の飛行機などをつくり始め、6年生の頃には、拙いながらも設計図を描き、より精巧な橋や船の模型をつくったりしていた。こうして木の匂いを

嗅ぎながら、木に触れる生活を中学校、高校を卒業するまで、なんのかんのと続けた。

　木工所のおやじさんも含め、下町で暮らす人々の生活とは毎日が同じことの繰り返しで、木型屋は延々と木を削る、ガラス細工屋は延々とガラスを吹く。けがや病気などせず、その暮らしを死ぬまでずっと続けていけることが幸せであって、劇的な人生のドラマなどというものはない。でも、そんな平凡で平坦な人生を懸命に生きている人々だからこそ見える、人生というものの本質もあるのだろう。確かに、ただひたすら碁石を削り続ける人生なんて、なんだか哲学的である。そういう下町の人間たちの真摯でリアルな人生の息遣いを間近に感じながら、私は20代までの時間を過ごした。

　建築家というと、芸術家的な傾向が強い人が多いのかもしれないが、この下町育ちのおかげか、私自身にはまったくそういう意識はなかった。建築には確かに表現芸術の一面もあるが、建築家はやはり、クライアントの依頼を受けて、お金をもらってつくる仕事であって、とどのつまり職業なのである。そのため、事務所の若いスタッフが工事現場で"表現"とか"芸術"とかのんきなことをいっていたら、私は叱り飛ばす。それは自分の頭の中でやれ、これはお前の生活の糧を得るための仕事なんだ、と。

> 若い大工が
> 一心不乱に
> 働く姿に
> 自分の将来を
> 思い描いた

が建物をつくる職業に興味を抱いたきっかけの一つは、中学2年の時の自宅の増築だった。若い大工さんが昼飯もろくにとらず、一心不乱に働いている姿をずっと傍で見ていて、単純に「この仕事がいい」と思った。木工所通いでも分かっていたことだが、もともとモノをつくることは好きだったし、手の平の中に収まる工芸品とはまた異なる感動が家づくりにあることを無意識に感じ取ったのかもしれない。この頃から「自分は大工になるんだ」とおぼろげながら将来のイメージを抱いていたように思う。

　それがなぜか建築家という、自分自身の手で建物をつくるのではない、現場と距離のある仕事に就いているわけだが、それを成り行きというほかに、あえて理由を一つ挙げるとすれば、自宅の増築をした時と同じ中学2年で教わった、一人の数学教師の影響

があったのかもしれない。杉本という名前のその数学教師はともかく熱心で「数学は基礎が大事なんだ」と、1学年総勢700人あまりの中から40人を選んで、毎朝始業前に1時間半、特別授業を行った。その選抜基準は成績ではなく、先生の独断だったようで、勉強嫌いで成績もよくなかった私も選ばれた。熱心な分、厳しい先生で、怠ける子どもには容赦がなかったため、授業中はいつもピリッとした緊張感が教室に漂っていた。その杉本先生の口癖が「数学は美しい」という言葉で、その真意については当時の私には理解できなかったが、なにか自分の知らない世界の広がりを感じて、以来、数学だけは進んで勉強するようになった。

杉本先生が「美しい」という言葉で私たちに伝えたかったのは、頭の中で物事を組み立てて、定理を証明し、問題を解決する——そんな数学的な思考のアプローチの明晰さ、美しさのことだったのだろうと今では思っているが、建築には、材料や工法といった即物的で具体的なものに対する感覚のほかに、この数学的、抽象的な思考のプロセスが必要なのである。

先に祖父母に引き取られたと書いたが、祖父は私が小学校に入る年に他界した。以後、ずっと祖母と二人暮らしで、勉強がさほど好きでなかったのと、家庭の経済的理由から「中学校を卒業したら働き始めよう」、「大工の見習いでも始めよう」くらいに思っていた。しかし、その祖母が「高校だけは出ておけ」と断固としていうので、仕方なく工業高校に入学した。機械製図など面白い授業もあったが、やはり考えるのは「どうやって稼いでいこうか」とそのことばかり。

そんななか、弟の北山孝雄がボクシングを始め、4回戦ボーイとしてファイトマネー4,000円を稼ぎ始めた。当時の大卒の初任給は1万円だったから「ケンカで稼げるとはこんなに結構なことはない！」とすぐジムに入門して、プロボクサーの資格を取った。高校2年の時である。戦績はまずまずで、試合前の減量やリング上の孤独など、ボクシングというスポーツゆえの厳しさも嫌いではなかった。

#1

ある時、当時のボクシング界のスター、ファイティング原田が私の所属するジムに訪れ、公開スパーリングを行った。その時に私は悟った——「自分はこの世界では一流になれない」と。スピード、パワー、心肺能力の高さ、回復力、すべてが違うのだから。一気に気持ちが冷めて、やめようと思った。それがボクシングを始めて2年目、ちょうど高校を卒業する頃だった。

そこで「さあどうするか」という時に、木工所でも大工でもない、建築設計という職業に意識が向いた。ただ、大学進学という選択肢はありえなかった。学力の問題もさることながら、女手一つで育ててくれた祖母にこれ以上負担をかけられないと思っていた。自立は必須で、勉強が必要ならば働きながら独学するしかないと。

まず、アルバイトのような形で家具やインテリアデザインの仕事を始めた。友人に仕事を紹介してもらい、見よう見まねで図面を描き上げて——こんなものでいいのかと内心は冷や汗ものだったが、そんなものでも受け入れられた。

建築の勉強は、何をどうしたらいいのか、本当に何も分からなかった。そこで京都大学、大阪大学の建築学科で学生が読む教科書を友人に頼んで買い集め、それを18歳から19歳にかけての1年間で読破しようと考えた。自分は独学というハンデがあるのだからと、仕事がない時は朝から晩まで、ぶっ続けで本にかじりついた。構造、工法から設備、計画、歴史、デザイン……むろん、読むこととその内容を理解することはまったく別であるが、ともかくこれを読み抜くしかないんだと必死だった。生活がかかっていたのだから。

ひと通り読み終えた時には、それなりの達成感はあった。ただ、何がどこまで身についたか、一人では確かめる術がないから自信が出ない。自分がどれくらいのレベルなのか分からない、この絶えざる不安が独学の一番キツイところである。そんな不安な気持ちと、知るほどにふくらむ好奇心から「何か面白いものはないか」と、その頃の私はいつも街を探し歩いていた。

建築事務所に弟子入りすることは考えなかったのかと問われることがある。アルバイ

> 独学ならではの
> 絶えざる不安と
> 建築への
> 好奇心が
> ふくらんだ

Keyword #1

プロボクサー
Professional Boxer

「『自分はこの世界では
一流になれない』
と悟った」
—— Tadao Ando

1958年、安藤は17歳でプロボクサーのライセンスを取得。戦績はまずまずで、プロとしてタイにも遠征した。その後、能力に限界を感じて引退したが、肉体的、精神的に鍛えられた1年半のプロボクサー生活だった。

トでいろいろなところには行ったが、どこかに勤めるということはなかった。気に入ったところが見つからなかったというか、単純に、気性が荒すぎて会社勤めができなかったからというのが理由だ。

ただ、大阪にもけっこう活躍している建築家がいたため、弟子入りはしなくても、そうした建築家の様子は遠くからよく覗いていた。たとえば、東京青山の自邸・塔の家で有名な東孝光さん*4が、大阪と宝塚それぞれに「チェック」という二つのジャズ喫茶をつくって、"チェックの会"と称した集まりをやっていた。そこによくこっそり紛れ込んで、彼らの話に耳をそばだてていた。また少し年上の高口恭行さん*5と笹田剛史さん*6は、その頃京大の俊英といわれていたが、なぜかよく出会っていていろいろなことを教えてもらった。それから、大阪の坂倉建築研究所の所長を務められていた西澤文隆さん*7や大阪市立大学におられた水谷頴介先生*8にも、よくかわいがっていただいた。西澤さんはある意味で、独学で建築を学んだ私にとって唯一の先生だったように思う。西澤さんが設計された住宅の中を見せていただくほかにも、ライフワークとされていた古建築、庭園の実測やインド建築行脚の企画に同行させていただいたりと、いろいろな形で建築の教養に触れ、視野を広げる機会をいただいた。

> 出会いから
> いろいろな
> 刺激を受け
> いろいろな
> 可能性を感じる

1970年代に入って、私が自分で仕事をするようになってからも、西澤さんは忙しい合間を縫って完成した住宅などを見に来てくださった。たいていその場では何もおっしゃらず、あとで建築雑誌の評欄で、実に手厳しく、指導してくださった。それはけっして、西澤さん自身の考えを押し付けるものではなく、必ず私の想いを汲み取った上での批評だったので、本当にありがたかった。1986(昭和61)年に西澤さんの訃報を耳にした時は、動揺した。喪って初めて、いかに自分にとって大きい存在であったかを思い知った。

水谷先生とは、神戸の設計事務所で、三宮地下街の店舗インテリアデザインのアルバイトをしている頃に、再開発の仕事を通して知り合った。なぜ気に入っていただけたのかは分からないが、しばらくすると先生が主宰しておられたTeam UR*9に参加するようになり、再開発の調査や都市開発のマスタープランのお手伝いをさせていただいた。

家具やインテリアといった自分の手の届く範囲のものづくりをしていたのが突然、北欧のニュータウンの話などを聞くわけである。戸惑ったのはいうまでもない。

この経験から、建築に対して都市という視点で考えることを教えてもらうことができ、また、ある程度のレベルで建築を考えているいわばインテリたちと知り合う機会をもてた。たとえば大阪府建築士会の『Hiroba』[*10]という会員誌の編集をしていた人たち。彼らは「久しぶりにメルロ＝ポンティを読んだ」などと話している。私はそんな雰囲気に「建築ってこんな文学的なものなのか」と感心しつつ、一方で「何やねん、それは」と思っていた。事務所を始める前の10年間は、そんな風に仕事を転々として、いろいろなことに首を突っ込みながら、自分なりに建築を一所懸命勉強していた。

その時期、1960年代には唐十郎や石岡瑛子[*11]、伊藤隆道[*12]、倉俣史朗[*13]、田中一光[*14]など、いろいろな人たちと知り合った。建築家よりも、彼らとの出会いのほうが刺激的だった。関西発の"世界的"前衛芸術家集団、具体美術協会にも大きな影響を受けた。皆それぞれの分野で「自分が新しい世界を切り拓くんだ」とエネルギーに満ちあふれていて、一緒にいると、こちらまで熱くなってくるような気がした。本当に個性的な人たちばかりだから、一緒にい過ぎるのはつらかったが……。

そして、そのつかずはなれずの人間関係がずっとそのまま続いて、唐十郎との「下町唐座」をはじめ、後の仕事につながっていったのである。人生80年として、その間にいろいろな出会いがあるわけだが、やはり若い時のそれは特別だ。好奇心が最も強く、生きるエネルギーがあふれる時期にいろいろな刺激を受けて、いろいろな可能性が感じられるのだから。このあたりは弟の北山孝雄のおかげもあった。北山が一人東京に出て人脈を開拓し、そこに私が加わっていったという感じだった。

その時代の東京は、それはもう眩しいくらいに輝いていた。やはり、"戦後"から脱した後、1960（昭和35）年の安保闘争から1964年の東京五輪、1970年代の大阪万博へと続く10年間が、現代日本の青春時代だったのだと私は思う。私自身の20代と重なる分、

Prologue

なおさら強くそう思えるのだろう。

　建築でいえばやはり、東京五輪に際してつくられた、丹下健三の代々木体育館だろう。あの壮大さを超えるものを、いまだ日本の現代建築はつくれていない気がする。

　丹下健三は当時の日本建築界の、文字通りのエースだったわけだが、私の丹下建築との初めての出会いは東京五輪の前、1963（昭和38）年に22歳で日本一周をした時である。大学に行っていれば卒業かと思う年に、自分なりの卒業旅行として企てたものだった。そのおもな目的は丹下健三の建築を巡ることで、大阪からまず香川県庁舎へ行き、四国各地の民家を回って九州へ、そこから広島を巡って北上し、岐阜から東北を巡るというコースだった。

　やはり印象に残ったのは、広島平和記念資料館である。建築の軸線の向こうに鉄の骨と化した原爆ドーム。あの建築の美しい水平とピロティ越しの風景を最初に見た時は声が出なかった。その前に香川県庁舎を見て、コンクリートという現代的な材料と日本的な柱梁の表現が融合されている、その緊張感ある建築のたたずまいにも興奮したが、建築から都市へと広がる広島平和記念資料館から受けた感動はそれとは異質なものだった。

　むろん、当時はまだ建築の教養など身についていないから、当時の建築界の一大テーマであった伝統論争*15のことも何も分からず、丹下建築の何が革新的なのかもはっきりと言葉にはできなかったが、「建築って、こんなにすごいものなのか」、「この構想力が建築なんだ」と、建築への挑戦心を大いに喚起された。そんな有無をいわせぬ迫力が、丹下建築にはあった。

　一方、飛騨高山の吉島家や日下部家*16、白川郷の集落*17といった土着の民家に対しては、強い目的意識があったわけではなく、ちょっと立ち寄ってみる、くらいの気持ちで訪ねた。しかし、人間の生活が空間に結実して、それが自然と一体となっている民家の風景は期待していた以上に美しく、心を動かされた。たとえば高山の民家の、あの大屋根の下の空間。下から見上げると、高窓からの光に照らされて、縦横に走る柱、梁、束による骨組みが、幻想的に浮かび上がる。生活の用から導かれたはずの民家で、なぜこんな

> 初めて出会った
> 丹下建築には
> 有無をいわせぬ
> 迫力があった

←丹下健三設計の国立代々木競技場第二体育館。第一体育館も丹下健三の作品。通称"代々木体育館"。写真：大林組提供。

©佐藤翠陽

Keyword #2

丹下健三
Kenzo Tange / 1913-2005

国内外で多くの建築を残した戦後日本を代表する建築家。作品に広島平和記念公園、国立代々木競技場第一体育館、同競技場第二体育館、東京都庁新庁舎など。イタリア・ボローニャの都市計画なども手がけた。1962年に建築界最高の栄誉であるプリツカー賞を受賞。従三位勲一等瑞宝章、文化勲章受章。写真：丹下都市建築設計提供。

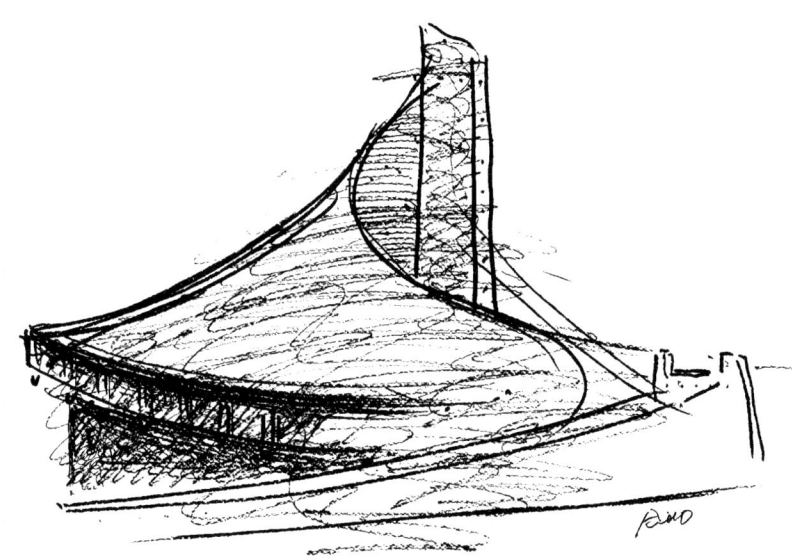

↑安藤による国立代々木競技場第二体育館のスケッチ。

「丹下健三は、
自らの思想を実際につくり上げて見せた。
初めて日本の現代建築は
世界に追いつくことができた」

—— Tadao Ando

に象徴的な空間が生まれたのか、今でも私は不思議に思っている。それから、谷間に合掌造りの屋根がひしめく白川郷の集落。長い時間の中で、厳しい自然と風土を受け止めながら、一つの共同体の意思としてつくられたその造形には、圧倒的な存在感がある。時間に耐えて残っている民家には、大空間のもとに家族が集まって生きる、住まいの原イメージがあるように思う。

　いわゆる近代建築、現代建築というのは西欧で生まれたものだから、日本の近代化の中で、こうした土着的なもの、日本的な空間は"過去のもの"として切り捨てられていた。それが、戦後社会が一定の落ち着きを見せ、文化的にも成熟してきた1950年代に、先にも触れた伝統論争というものが日本の建築ジャーナリズムをにぎわせた。雑誌『新建築』1955（昭和30）年1月号での丹下健三と川添登の対談がきっかけとなって始まったもので、その後に白井晟一なども加わって一大論争になった。

　論争のテーマは、現代建築において日本の伝統をどう扱うかというもので、丹下健三は、自分は精神的なものでなく具体的な形をもって伝統を受け継いでいくとした上で、その原型を繊細優美な"弥生"と力強く野性的な"縄文"に分類し、自分は"縄文"で行くと意思表明をした。すごいのは、その伝統と現代建築の融合に関する自らの思想を、丹下は現実の仕事で実際につくり上げて見せたところである。しかも世界に通用するようなレベルで。この時点において、初めて日本の現代建築は世界に追いつくことができた。

> 肉体化された
> 記憶は
> そのままアイデアに
> つながる

　当時の私は伝統論争など言葉でしか知らず、内容は理解していなかった。それでも、すぐれた土着の民家建築と丹下健三の近代建築とを自分なりの卒業旅行という特別な機会に同時に見たことは、非常に象徴的で、意味のあることだったと思う。身体でその感動を記憶しておけば、それを言葉として、知識として覚えるのは後からでもいい。身体で覚えたことは忘れないのである。その肉体化された記憶はそのまま、自分で建築を考える

←安藤が描いた白川郷集落の風景。

時のアイデアにつながると私は思う。

　私が建築の道を歩み出した頃、1950年代から1960年代は社会も元気で、建築も本当に輝いていた。丹下健三が公共建築で王道をひた走る一方で、菊竹清訓[20]がスカイハウスをつくり、その一方で清家清[21]、増沢洵[22]といった人たちが宝石のような小住宅で建築家として社会に参画しようと頑張っていた。そして、1960（昭和35）年に世界デザイン会議が東京で開催され、その後1963年、菊竹清訓が戦後3大コンペの一つと呼ばれた国立京都国際会館のコンペ[23]で、大谷幸夫[24]の案に敗れはしたものの、たいへん魅力的な模型によって人々の関心を集めた。あの前後が、日本の現代建築のピークであったのだと思う。

　この時代の日本の近代建築の輝かしい開花を、それ以前に日本を訪れた外国人たちは予測していた。たとえばブルーノ・タウト[25]。タウトはナチスに追われて日本に逃げ、その結果として亡命したようにいわれるが、実際は最初から日本に思い入れがあって、あえて日本を選んだのだという説もある。来日した際、日本インターナショナル建築会の上野伊三郎[26]と、大丸の下村正太郎[27]が案内を引き受け、日本到着の翌日に下村は桂離宮へ、その数日後には伊勢へタウトを案内した。そこでタウトは、自分たちが考えてきた近代建築のすべてのテーマがこの国の伝統の中に具現化されていると感じたのである。そう単純な話ばかりでもないだろうが、少なくとも日本の建築には潜在的に近代建築とうまくバランスをとるだけの下地があったことは確かである。

　そうした文化的な背景と併せて私たちが見るべきは、当時の建築家たちがもっていた社会的使命感、社会の未来を自分たちの建築が切り拓くという高い志だろう。むろん、社会自体が成長期の過程にあった当時と、いってみればそれが老成しつつある現在とでは社会背景の違いは歴然としていて仕方のない部分はあるが、あの時代の熱狂を肌に感じつつ、この世界に飛び込んだ者としてはやはり、「今の建築界、もうちょっと頑張れないのか」と、自戒も込めて考えさせられる。

そうして日本の現代建築がピークを迎えた頃、東京五輪が開催された1964（昭和39）年4月に、日本でも一般人の外国渡航が自由化された。「これはどうしても行ってみたい」と思い、私はヨーロッパへ出かけた。この旅を、ときにグランドツアーと表現していただくことがあるが、正直いってそんなに格好いいものではなかった。当時はヨーロッパなんてまったくの別世界で、まわりにも海外旅行体験者などいようはずもなく、何をどう準備したらよいか見当もつかないまま、大きなリュックに歯ブラシ、洗濯せっけん、薬に下着といった生活用品を詰められるだけ詰めて、不安いっぱいで家を出た。冗談ではなく「もう帰ってこられないかもしれない」とも思ったが、それでも「世界を自分の目で見るんだ」と覚悟を決めていた。

横浜から出発して航路でナホトカへ、ナホトカからハバロフスクへ行って、シベリア鉄道に乗りモスクワまで1週間、そしてフィンランドからヨーロッパに入った。そこからフランス、スイス、イタリア、ギリシャ、スペインと巡り、最後は南仏マルセイユから貨客船MMラインで、アフリカのケープタウンを経由し、途中でマダガスカル、インド、フィリピンに寄って帰国した。

シベリア鉄道の車窓から見た延々と続く地平線は強烈だった。このルートを使ったのは、丹下健三の一つ前の世代の建築界のリーダーであった前川國男*28が東京帝大卒業の翌日に日本を発ち、ル・コルビュジエに弟子入りするためシベリア鉄道でパリに向かったと本で読んだためだった。それで当時の私は、ヨーロッパへ行くにはシベリア鉄道しか手段がないと思っていたのである。

旅の目的はもちろん、古今の名建築を歩けるかぎり見て歩くことだった。自分なりに見るべき建築のリストはつくっていた。その中には、行く前に建築関係の友人たちに相談したところ「建築家を目指すのなら、パルテノン神殿を見てから死ねといわれている」といわれたこともあり、ギリシャのパルテノン神殿とローマのパンテオンも挙げていた。ただ、実際にそうした西欧建築の原点といわれる古典建築を訪れても、この時は正直、予想以上には感動しなかった——「これの何がそんなにすごいのか？」と。原点といわれる理由が自分なりに見えるようになったのは、何度か通って徐々に知識も増えてきてから

> 古今の名建築を
> 訪ねるべく
> シベリア鉄道で
> ヨーロッパへ

Keyword #3

グランドツアー
Grand Tour

「冗談ではなく
『もう帰ってこられないかもしれない』
とも思ったが、それでも
『世界を自分の目で見るんだ』
と覚悟を決めていた」

—— Tadao Ando

ユニテ・ダビタシオン
マルセイユにあるユニテ・ダビタシオンの安藤によるスケッチ。ル・コルビュジエの代表作の一つ。

ロンシャンの礼拝堂
フランスにある、ル・コルビュジエ後期の代表作。

シベリア鉄道
モスクワまで150時間。広大な平原を進む。

貨物船MMライン
マルセイユからはアフリカ、アジアを巡る船の旅。

パルテノン神殿
西欧建築の原点、パルテノン神殿など古代の名建築も見て回った。下は安藤によるスケッチ。

＊かつて英国貴族の子弟が学業の仕上げとして、ヨーロッパ文明の故郷であり先進地であったイタリやフランスを巡った旅をグランドツアーと呼んだ。

のことである。

　名建築を訪ね歩くという目的の中でも、主目的としていたのは、ル・コルビュジエの建築と建築家本人を訪ねることだった。私がル・コルビュジエを知ったのは建築の勉強を始めた頃、何か面白い本はないかと古本屋を漁っていた時、洋書コーナーで彼の作品集を発見したのがきっかけだった。当時、名前を聞いたことはあっても仕事のことはよく知らなかったのだが、パラパラとめくってみて「これだ！」と思った。すぐに買いたかったけれど高い。それで下のほうに入れて隠した。でも古本屋のおじさんは売りたいから一番上に出す。それをまた下へ隠す……という攻防を1か月ほど繰り返してようやく手に入れた。

　毎晩、飽きることなくページを繰った。モダニズムの何たるかも知らない時分の出会いだったが、部分から全体へと至る建築のシーンを切り取った写真、図面に魅力的なスタディスケッチを挟み込んだストーリー仕立てのレイアウトは理屈抜きに魅力的で、建築の面白さをストレートに感じたのである。その作品集にある建築の感性を「自分のものにしたい」と、繰り返しトレースした。

> ル・コルビュジエに会いたい一心でアトリエを探し歩いた

　そのうちに、ル・コルビュジエも独学で、最後までアカデミズムと敵対していたとか、都市計画やコンペで闘い続け、自分の道を切り拓いていったとか、そういう人物像を本で読んだり、人に教えてもらったりしながら、気がつけば、なんとしてもル・コルビュジエの建築を実際に見たい、さらに叶うならば実際に会ってみたいと本気で思うようになった。

　件の旅でパリを訪れた際、その思いを叶えるべく、ル・コルビュジエのアトリエを訪ねようと思った。だが現地で聞いても場所が分からず、歩きながら探してもみたが、結局見つからなかった。後で知ったことだが、そもそも私が訪ねる1か月前にル・コルビュジエはすでに他界していたから、思いを叶えるのはとうてい無理な話だったのである。

　それでも念願の建築を見ることはできた。まずはポワッシーのサヴォワ邸[*29]。当時は修復前のまるで廃墟のような状態だったが、だからこそというのか、空間のコンセプトがより直接的に、むき出

←安藤が古本屋の洋書コーナーで見つけ、愛読したル・コルビュジエの作品集。

Keyword #4

ル・コルビュジエ
Le Corbusier / 1887-1965

鉄筋コンクリートによるモダニズム建築を提唱した近代建築の父。専門教育は受けず、欧州の国々を回り、身体で建築を学んだ。代表作にサヴォワ邸、ロンシャンの礼拝堂など。東京・上野の国立西洋美術館の基本設計も手がけた。

LE CORBUSIER "Portrait Photo", n. d. by Michel SIMA ©FLC / ADAGP, Paris & JASPAR, TOKYO, 2013

「ル・コルビュジエという建築家は、
最初も芸術から始まって、最後も芸術で終わる。
その真ん中に社会とリンクする
建築があったということだと思う」

—— Tadao Ando

安藤の愛犬・コルビュジエ

ル・コルビュジエへの親愛の気持ちを込めて愛犬の名をつけた。

Prologue 39

しの強さをもって語りかけてくるように感じた。その時はまだル・コルビュジエの近代建築
5原則[*30]のことも知らず、何が近代建築の革命であったかもよく分かっていなかったのだが……。それでも心動かされた。次にロンシャンの礼拝堂[*31]へ行き、あらゆるところから光が入ってくる礼拝堂の姿、肉感的な包み込むような光の空間を見て「これをサヴォワ邸をつくった建築家と同じ建築家がつくったのか？ 年とともに変化することは分かるが、こうも変わるものか……」と疑問を覚えた。

　ル・コルビュジエという建築家が魅力的なのは、一人の人間の中にいくつもの顔があったからだと思う。近代建築のプロパガンディスト、画家、彫刻家、社会運動家……といったさまざまな顔。だから、その生涯を理屈のみで読み解こうとすると、ややこしいことになる。ル・コルビュジエは、第2次大戦まではずっと、新しい時代の近代建築の概念を明確に表現すること、新しい時代の建築のモデルをつくることに自らの才能を集中してきたのだろうが、最後はより自由に己の表現を追求しようと、文字通り吹っ切れたのだと思う。建築は芸術なんだ、と。初めてル・コルビュジエの建築を目の当たりにして疑問に感じた彼の変化について、今はそのように考えている。その背中を追いかけてきた人たちは裏切られたように感じたかもしれないが、そうではなく、ル・コルビュジエという建築家は、最初も芸術から始まって、最後も芸術で終わるのであって、その真ん中に社会とリンクする建築があったということだと思う。

旅を通して自分自身を見つめ直し、自分という人間を発見する

　この旅を含め、1969（昭和44）年の事務所開設までの数年間に、20代でヨーロッパ、アメリカ、アジアと数度にわたり一人で世界中を旅した。旅でいいのは、自分一人で考えることを繰り返しながら歩き続ける時間だ。特に最初の旅で足を踏み入れたフィンランドでは、到着したのが白夜の時季で、沈まない太陽の下、とりつかれたように、ひたすら歩き続けた。何時間歩いても太陽は沈まない。一日10時間ぐらい歩いたと思う。言葉はできない、お金はない、でも体力はある。だからひたすら歩いた。若いということは素晴らしい。

建築家として仕事をするようになっても海外に行く機会は多く、今も月に1〜2回は飛行機に乗っているが、やはり、いざという時に心に浮かぶのは、シベリア鉄道で行ったヨーロッパの風景であり、一人歩き続けてたどりついたロンシャンの礼拝堂の光の空間である。この20代の数年間の世界放浪の経験が、今に至る私の建築活動の原点になっている。

インターネットを通じて世界中がリアルタイムでつながっている現代にあって、情報を得るために自らが移動する旅は、ある意味で時代遅れな行為である。この傾向は、今後よりいっそう強まっていくだろう。しかし、どれだけ情報技術が進歩して便利に快適にヴァーチャルな旅ができるようになっても、現実の旅に勝る感動は得られないと思う。その場所を訪れるために、面倒な手続きを経て、長い移動の時間を過ごし、最後は暑さや寒さといった現実ならではの煩わしさを含めて非日常の世界のすべてを自身の五感で受け止めねばならない。その不便さこそが旅の面白さであり、だからこそ、その記憶が身体に刻まれ、いつまでも残っていくのだ。だから私は、若い人にこそ「旅をしろ」といいたい。目的は何でもかまわない。大切なのは、自分の身体で体験する異なる価値観との出会いの中で自分自身を見つめ直し、自分という人間を発見すること――それを心が最も若い青春時代に行うことなのである。

1

1969（昭和44）年には、そんな旅から得たものを資本に事務所を開設した。1979年には「住吉の長屋」[#25]で日本建築学会賞[*32]をいただいた。実は「住吉の長屋」は、解体も含めて総工費1,000万円である。この程度の予算であれば普通、木造で考えるのだが、狭いからこそ最小限の構造で最大限の空間容積を確保できる鉄筋コンクリートがいいと、強引にコンクリートのコートハウスで計画を進めた。当時打ち放しコンクリート[#5]は、いわゆる内装仕上げがないというので安価な方法と考えられていた。だが実際には手間のかかるものであり、その分かえって高くつくということ

がよく分かった。

　完成したのは四周を壁で覆われ、入り口以外に開口部がなく、内外とも壁、天井がコンクリート打ち放しで、箱を3等分した真ん中が中庭としてぽっかり空いているという住宅だった。こうした町家は昔から関西圏、特に京都、大阪にはたくさんある。道路に最小限の間口で接して、奥に細く長く区切られた敷地割り。両側の隣家とは壁1枚で接している。長屋ではその壁も2軒の共有だ。そこに通り庭や坪庭といったもの*33が巧みに配置され、採光、通風、最小限の緑のスペースなどが意外と合理的に確保できている。だから、ずっと長屋住まいだった私も、クライアントも、この中庭に関してさほど特殊なことをしているという意識はなかった。ところが完成後に雑誌に発表すると、この中庭に非難が集中した。「それぞれの部屋からトイレに行くにも台所に行くにも、外を通っていく。雨の日には傘をさして行くなんて、なんと思いやりに欠けた設計か……」と。

自己主張する建築と評価を受けた「住吉の長屋」

　一方で「その思い切りのよさがいい」と評価した人も少数いた。亡くなった建築評論家の伊藤ていじさん*34には1976（昭和51）年の『朝日新聞』に「自己主張する建築が少なくなった中で、この小さな家は勇敢に個を表現している。非常によい」と書いていただいた。その伊藤さんの縁で、今度は建築写真家の二川幸夫（ふたがわゆきお）さん*35が大阪まで見にきてくださった。二川さんは「この人に写真を撮ってもらえたら一流」といわれる、当代随一の建築写真家である。そんな大家の突然の来阪にまず驚いた。そして一通り見終わった後で「頑張れ。これからお前がつくる建築は全部写す。そのうち作品集をつくってやる」と。その一言は、私にとって大きな励みとなった。

　約束通り、二川さんは建物ができるたびに何度となく見に来られ、ときには建設中の現場にも「面白いものができそうか」と車をとばして来られることもあった。お付き合いは35年を超えるが、私にとっては、変わらず怖い先生で、二川さんから「明日そっちに行くぞ」と電話が来ると、今でも事務所全体の空気がピーンと張り詰めるような感じがする。親分の私が緊張するから、子分の所員たちも怯える（おび）のだろう。そんな二川さんの期待に

Keyword #5 打ち放しコンクリート
Exposed Concrete

> 「荒々しい質感ではなく、
> もっと緻密な表情で
> 壁をつくりたいと
> 思うようになっていた」
> —— Tadao Ando

木造長屋が建ち並ぶ下町で、打ち放しコンクリートがひときわ存在感を放つ大阪「住吉の長屋」。コンクリートの打ち方に徹底的にこだわった滑らかに輝く質感と、開口部をできるだけ抑えた強く美しい壁の表現はこれ以降、安藤建築の真骨頂となった。

応えようと、ひたすら走り続けてきたのかもしれない。約束通りつくってくださった作品集は10冊を超える。

　もう一人、先に書いた西澤文隆さんも、この住宅はまあまあ評価してくださった。西澤さんは1970年代に完成した建物などを見ていただいた際には、「アイデアはいいが建築になっていない。ディテールがなっていない。素材の使い方が間違っている。勉強が足らん。歴史を知らなすぎる」と滅茶苦茶にいわれたものだった。それが「住吉の長屋」に対しては「これは悪くない」と。家具も全部設計したのだが、それらも含めて、全体としてこれは住宅建築になっているといってくださり、これは嬉しかった。

　日本建築学会賞の前に吉田五十八賞*36の審査で、当時の建築界の重鎮、村野藤吾*37さんが最終審査に来られた。村野さんは「この住宅はよいけれども、設計者よりも、これをつくらせた人のほうが偉い。施主に賞を贈るべきだ」といって帰られた。施主の東あずまさんは今でも改造もせず同じように住み続けてくれている。申し訳ないから、こちらで引き受けましょうかといっても「結構です」と。施主を評価した村野先生の判断に間違いはなかった。

　日本建築学会賞の審査の際も、たくさんの巨匠が見に来られた。大江宏おおえひろし*38、西澤文隆、松井源吾まついげんご*39、横山公男よこやまきみお*40、林昌二はやししょうじ*41、増沢洵あずま……錚々たる顔ぶれだ。私は、こんな畏れ多い人たちがあの小さな家に入り切るのかと心配しつつ、こんなものが学会賞なんてありえないだろうと気楽に案内していたのだが、なぜか先生方は「これでいいんじゃないの」とおっしゃる。推薦者の西澤さんはさぞかしドキドキしていたことだろう。

　巨匠と呼ばれる先生方だが、皆さん、粗削りの若い人間を励ましてやろうと懐が深く、審査の後、大江さんからは「建築は生涯勉強だ」という激励の手紙を、増沢さんからは「あなたは先生がいないのだから、分からないことがあったら、話を聞きに来なさい」という手紙をいただいた。西澤さんも、雑誌の記事で「これまでずっといってきた小言を聞いてくれたわけでもないだろうが、『住吉の長屋』はよくできている」と書いてくださった。

　「住吉の長屋」が都市住宅の一般解答となり得る住まいでなかったことは確かだ。当

余分なものを
削りとった
生活の美しさ、
空間の豊かさを
考え抜いた

時は、いわゆるモダンリビングの全盛期で、建築家は「いかに機能的で快適で美的であるか」を問うている時代だった。それに対して、小論『都市ゲリラ住居*42』にも書いたように「とにかく思いのかぎりをぶつけてつくる」というのが私の姿勢だった。少々使いにくいところは施主の肉体でカバーするだろう、生きることと住むことは闘いなのだと。

「住吉の長屋」は、そこで人間が生活することを考えると、それこそ1ミリも無駄にできないギリギリの寸法だったから、実験的要素など微塵も許されなかった。だからこそ、物にあふれた現代生活ではない、本当に必要なものだけにそぎ落とした生活の美しさ、身の丈に応じた空間の豊かさを、真剣に考え抜くことができたのだと思う。私は建築家でいるかぎりはこの頃の緊張感を忘れぬよう、ここで手に入れたものを失くさないようにと、自らを律しながら、今日まで仕事を続けている。

「住吉の長屋」が完成する前、"都市ゲリラ住居"として発表した「冨島邸#8」が私の最初の仕事だが、この頃はまだコンクリートという表現自体には意識がいっていなかった。内外一体で単純に大きなボリュームがとれるからコンクリートがいい、重要なのはそこでの空間体験であって、仕上げなんてどうでもいいだろうと思っていた。しかし冨島邸が出来上がると、訪れた人は皆、「新築なのに汚いですね」という。「こいつらは建築が分かっていない」と一人腹が立った。

もう少しレベルの高い建築、きっちりとした精度でコンクリートの壁をつくらねばならないと思い始めたのは「双生観(山口邸)*43」だった。これは「住吉の長屋」の一つ前、1975(昭和50)年9月に完成したのだが、この頃には荒々しい質感ではなく、もっと緻密な表情で壁をつくりたいと思うようになっていた。

求めるコンクリートのイメージが変わった理由の一つには、ルイス・カーンのソーク研究所の写真を雑誌で見つけたことがあるのかもしれない。工事中だったが、連続して建つ壁の重なりが非常に美しく、強く印象に残った。ただカーンの場合は、コンクリートが美しいというよりも、実はそう見せる建築のつくり方が素晴らしい。

ルイス・カーンの建築は、壁に窓がない。もちろん、開口部はあるが、それが非常に注意深く、巧みに処理されていて、壁の純粋な表現を守り抜こうとする設計者の意思が強くにじみ出ている。だからルイス・カーンの建築の壁は美しい、というより強いのだ。ソーク研究所だけではなく、キンベル美術館も含めて空間構成が圧倒的に美しい。そして、それを形づくる壁面に穴が開いていない。でも穴を開けないと、壁が強いために威圧的になってしまう。強い壁を威圧的に見えないようにするにはどうするか……。それを考えていく中で、より緻密で、滑らかなコンクリートの質感がいいと思うようになった。

　具体的にどうしたかというと、コンクリートの型枠ベニヤにペンキを塗ったらいいと考えた。今では、パネコートという樹脂を塗った型枠が世界中で当たり前になっているが、ペイントを試みたのは私のほうが早かったと思う。あの時、特許を取っていたら、今頃は大金持ちになっていたかもしれない。惜しいことをした。

　いいコンクリートを打つのに一番大事なのは、実際に手を動かす職人さんたちの気持ちだ。「最高のコンクリートを自分たちが打つんだ」という気概である。その気持ちをどうやって引き出すかにかかっている。そのため、新人のスタッフが住宅の現場監理をする時には、「コンクリート打設の日は朝から行って一日手伝ってこい」という。ともかく自分でやってみて、どんなに難しい仕事かを知らなければ、はっぱもかけられないだろう。

ボツになっても諦めずにチャンスを待ち続ける

1

　1970年代は、住宅のほか商業建築もつくっていた。もっとも当時の建築界では、商業建築は俗なものとしてやや軽視されていたきらいがあり、あまり表には出なかった。多くの人間が接する空間という意味で、商業建築はパブリックだ。そのパブリック、公共性というテーマへの挑戦という意味において「六甲の集合住宅」は大きな転換点となる仕事だった。#26

　依頼を受けたのは1978（昭和53）年のことで、分譲住宅地の設計だったのだが、初めて敷地を見に行った時は、クライアントが指さす造成された土地よりも、その後ろに迫る斜面60度のほうが面白いと、私はそちらばかりを見ていた。ひとしきり説明を聞き終

わった後で「斜面のほうはどうするんですか?」と聞いたら、「死に地だからどうにでもしてください」というので「むしろこっちにつくったほうが価値のあるものができる」とクライアントを説き伏せ、斜面側に敷地を移した。

　実は、それ以前から、ル・コルビュジエの弟子の設計チーム、アトリエ・ファイブがつくったハーレン・ジードルンク[*45]をとても気に入っており、ああいう斜面地型の集合住宅を日本でつくれたらいいという思いが強くあった。特に、東西に細長く山と海で挟まれた神戸という場所では、斜面地が住環境として圧倒的にすぐれていると感じていた。

「六甲の集合住宅」の前に、阪急電鉄の六甲から二駅東にある岡本というところで集合住宅の設計をしていた。グリッドに沿った構成を地形に重ね合わせるというアイデアで、いわばこれが「六甲の集合住宅」の原型だったのだ。この時は法的な問題で許可が下りず、結局断念した。そのアイデアにもう一度、六甲で挑戦しようというので考えたのが、5.8×4.8メートルを基本ユニットとする立体フレームを地形に重ね合わせ、そこに生じるズレや余白で豊かなパブリックスペースをつくっていく、という建築の構成だった。

　私はとても短気だが、一方でとても気が長いというか執念深いところがある。一度ボツになった案でも「いつか必ず実現しよう」と諦めずにチャンスを待ち続けるのだ。いつでも二つ三つはそういうアイデアをこっそり抱えている。

　そもそも私が建築活動をスタートした1970年代は、オイルショックから始まっている。大阪万博で盛り上がった後、急に社会がしぼみ込んだ。現在の不況ほど深刻ではなかったが、それでも、私のような学歴も社会基盤もない人間には厳しい状況だった。座って待っていても仕事はこない。だから空地があったら「こういうものを建てませんか?」と飛び込みで地主などに提案する。むろん「勝手に何してくれるんだ」と断られることがほとんどだが、基本的に私はそうして「自分で仕事をつくる」という姿勢でずっとやってきた。

　ただ、そういう意識と同時に、建築をつくる時は必ず、向こう3軒両隣まで考えるようでないといけない、というのがいつも頭の中にある。西澤さんも、環境づくりとして建築をと

らえろという意味で「設計というのは周りも含めてですよ」といつもいわれていたが、私はさらにもう一歩図々しく踏み込んで、仕事を一つ頼まれたら、頼まれなくても向こう3軒両隣まで一緒に設計しておく、という思いでやってきたのである。

「六甲の集合住宅」は実に30年越しの息の長いプロジェクトとなった。長い時間をかけて一つの場所に関わり続けることで、建築から都市へと働きかけていくことができるのではないか、まちづくりができるのではないかと期待している。もちろん、そこで一つのテーマを貫いていかないと意味がないわけだが、これがなかなか難しく、異なるクライアントのもとでの複数のプロジェクトでテーマを貫くには忍耐と持久力が必要だ。「六甲の集合住宅」では、斜面という地形を最大限に生かし、集まって住むことの豊かさを体現する建築をテーマに3期にわたって追求したわけだが、ここでは技術やコストの問題以上に法規制の障害が大きかった。とりわけ、最初の試みであったI期は斜面60度、活断層上、風化砂岩、おまけに風致地区のため建ぺい率40パーセント、容積率80パーセントという厳しい建築条件もある。最も厳しかったのは高さ制限で10メートルまでしか建てられないことだった。これは高さを測る基準レベルをどこにおくかで解決できるのではないか、すなわち壇状に切った斜面地をいわゆるグランドレベルと考えたいと神戸市に相談したが、担当者は「ありえない」の一点張り。

手をかけることで
建物自体も
地域の中に
しっかりと
根付いていく

I期は結局、出来上がるまでに約5年を要した。その完成を前にII期の計画がスタート。敷地面積がI期の3倍の約2,000坪というI期の隣の土地の持ち主が三洋電機の方で、隣で建ち上がってきた要塞のような建物が面白いと、「こっちでもつくってみないか」と声をかけてくださった。こちらも風化砂岩、活断層と地質は悪い。規模が拡大する分、工事が大変になると躊躇していたら「あなたも躊躇するようになったのか」といわれ、「何をいうか！」と奮起し、「六甲の集合住宅II」をつくることになった。こちらは始めてから完成まで10年を要した。

そのⅡ期の斜め後ろの「六甲の集合住宅Ⅲ」のオーナーは神戸製鋼だが「ここにはこういう形の集合住宅ができるといいな」と、依頼も受けていないのに前の2期に続く斜面住宅を計画していた。それを神戸製鋼の社長に持って行ったら「とんでもない。今、そこにはうちの社員寮が建っているじゃないか」と、当たり前だが断られた。そこへ起きたのが1995（平成7）年の阪神淡路大震災である。寮の設備系統を全部やられてしまい、建て替えるとなった時、私のことを思い出した社長から「あの図面の通りにできるか」と声がかかった。最初からあきらめずにボールを投げておけば、まれにだがいい球が返ってくることもあるのだ。

　2002（平成14）年には、Ⅰ・Ⅱ・Ⅲ期から西に200メートルほど離れた位置に、総面積1万3,000坪の病院と老人福祉施設の複合施設のプロジェクトが始まった。そのⅣ期が2009年に完成し、Ⅰ・Ⅱ・Ⅲ・Ⅳ期と斜面地型住宅の集落のような風景ができてきた。山の緑の中にひっそりと建物がたたずむような環境をつくりたいと、敷地の隙間にずっと緑を植え続けていることもあり、すでにⅢ期目まではきっちりと森の中にある。

　「六甲の集合住宅」で私が一番つくりたかったのは、集まって住む豊かさを体感できるパブリックスペースだ。斜面に沿って降りていく階段、棟の間に広がる緑の中庭——このパブリックというテーマで頭にあったのは、ル・コルビュジエのユニテ・ダビタシオンである。それは、330あまりの住戸*46と併せて、食料品店やレストラン、郵便局、ホテル、保育園やプール、体育館といった共用施設が組み込まれ、全体が一つの街のようにつくられている。それが打ち放し鉄筋コンクリート造の18階建ての建物として、ピロティで地面から持ち上げられている。あのユニテ・ダビタシオンの公共性を、ハーレン・ジードルンクのような土着的なイメージで実現したい、というのが「六甲の集合住宅」のスタートだった。

　最初から数えると完成して30年近いため、コンクリートもかなり汚れてきているが、なんとか美しく保っているのは定期的にメンテナンスをしているからだ。そうして手をかけることで、建物自体も地域の中にしっかりと根付いて、この場所にあってほしいというよう

な形になっていく。時間が経ってから見に行った時にガタガタになっていては、近代建築はこんなものかと思われてしまう。特に私の場合は打ち放しコンクリートの建物が多いため、完成後も基本的にほとんどの建築にそーっと手を入れている。

　最初の小さな住宅の頃は、竣工後のメンテナンスに所員と一緒に私も同行していた。施主の中には「（迷惑だから）もう来なくていい」という人もいたが、「そんなのこっちの勝手やろ」、「設計者にも権利がある。ガタガタいうな」と押しかけて行った。つくり手がつくったものに責任をもつのは当然のことである。建築は、つくり終えた後の時間が重要なのだ。

　つくり終えた後まで責任をもつといえば、大阪の茨木市にある「光の教会」では毎年、信者さんたちとともに所員も参加してのメンテナンスを行っている。この教会はそもそも「教会をつくってくれ。ただし予算がない」という話から始まった。そこですぐにイメージしたのは木造の空間だった。というのも私は、アメリカのシェーカー教徒のシンプルだが奥行きの深い、心の中にしっかり残る魅力のある生活空間を非常に気に入っており、あのイメージでつくったらいいものができるのではと考えたのである。

　ところが信者さんたちから「木造は長持ちしないんじゃないか」という意見が出た。いろいろ考えた結果、ならばコンクリートの教会にしようということになった。コストが厳しいから最小限のサイズの単純な箱型でいくしかない。それを人々が心を一つにする祈りの空間にどうしたらできるのか。そんなギリギリの条件の中で生まれたのが光の十字架のアイデアだった。この開口部からの光、その抽象化された自然の生命力にすべてをかけた建築だったため、私は十字架の中にガラスはいらないと思っていた。ダイレクトに光や風が入ってくる空間のほうが祈りの場としてよほど相応しいと思っていたのだ。結局は関係者全員の猛反対を受け、やむなくガラスを入れたが、まだあきらめたわけではない。

　実は、低予算のあまりに屋根すら架けられないかもしれないという話も出た。その時

#10

*47

> 手を入れながら
> 環境を整えて
> いくことは
> 建築家としての
> やりがいである

は「屋根のないままいったん完成させて、10年くらいかけて浄財を集めてまたつくったらいいじゃないか」と提案した。傘をさしたまま集う教会だ。これも「とんでもない」と怒られて、結局、屋根については工事をしてくれた工務店社長の一柳幸雄さんの寄付のようなかたちで出来上がったのである。

　さらにこの建築では、礼拝堂に至るまでのアプローチのあり方について考えた。教会という非日常の場を提供する建築にとって、そこに至るまでの空間をどうするかということは非常に大事である。たとえばル・コルビュジエのロンシャンの礼拝堂も、山を上がって行く、あのアプローチがいい。車で乗りつけたのではよさが分からない。ラ・トゥーレット修道院もそうだ。そこで「光の教会」も、坂を少し上がり、大木をグルッと回って入っていくというように、あえて迂回するような順路の仕掛けをした。さらに、コンクリートのボックスに突き刺さっている斜めの壁が来訪者のシーンを切り替える重要な役割を果たすように考えた。

　コストをかけられないため、教会内の床も家具も全部、粗く削られた工事用足場板にオイルステンを塗る程度の仕上げしかできなかった。もちろん、空間と同じく家具もより素朴で力強いものにしたいという思いもあった。そのオイルステインは、1年に1回程度は塗り直さないといけないのだが、そのメンテナンスに毎年、私の事務所のスタッフが参加している。建築を通して、われわれつくる人間と信者さんが思いを一つにしながらずっと続けてきたおかげで、同教会の日曜学校、牧師館をつくることにもつながった。毎回「コストが厳しいのですが……」という話から始まるため、ビジネスとして成立しているのかといわれると疑問だが、こうした小さなスケールの仕事で少しずつ手を入れながら環境を整えていくことは、建築家としてやりがいがある。

1990年代以降はおもに公共建築を手がけるようになり、2000（平成12）年以降は海外での仕事も増えている。そうした大きなスケールの仕事でも環境を整えることをテーマに取り組んできたものも多い。その原点といえるのは、

#30 淡路夢舞台

兵庫県の「淡路夢舞台」かもしれない。

あのあたりの荒れ果てた30万坪の土地は三洋電機と青木建設が約半分ずつもっていたもので、当初はゴルフ場をつくろうという計画があった。しかし、当時の兵庫県知事・貝原俊民さんが許可しなかった。彼は構想力を働かせ、まず30万坪を国営公園として国に買ってもらい、その中の一部に兵庫県が国際会議場、ホテル、植物園をつくろうと計画した。そして、実際その通りに進んだという画期的な事業モデルである。しかも1995（平成7）年の阪神淡路大震災では震源地に近く、活断層もあったため、1回は中断したものの復興のシンボルとしてやり遂げるのだという思いから、震災後1年たらずのうちに再スタートを切った。貝原さんの手腕があったからこそ実現したプロジェクトといえる。

環境再生が最重要テーマだったため、建築より先にまず、木を植えるところからスタートした。木が1本もないところへ、10〜20センチの苗木を30万本植えた。その後、3年待ってから建築工事を開始し、工事に3年かかるため、オープンまでは合計6年。6年経てば、木は5メートルほどになるだろうと考えた。建築のイメージは、ローマのヴィラ・アドリアーナ（紀元1世紀）などを参考に、全体を地形と一体化した大きな庭として、建物の間を水景がつないでいるというものだったが、あくまでも主題は失われた自然の再生である。そのため、完成後にむき出しの山肌が緑で覆われていくのと同時に、鳥やリスなどの小動物が森に帰ってきた時は嬉しかった。

もちろん、環境再生というのは一朝一夕にはいかない。継続的な努力が必要だ。そこで完成後も「つくり手としての責任を私たちなりに果たしていこう」と毎年、工事に携わった関係者たちで集まって、メンテナンスチェックを兼ねた同窓会を開催することにした。技術研修会という名目で集まり、「淡路夢舞台」内のホテルに泊まる。そこで自分たちが担当したところをチェックして、問題の箇所があれば補強する。これをもう10年以上続けている。私の事務所の人間は全員が参加し、全部で350人ぐらい集まる。そのたびに記念植樹もしている。今はメンテナンスフリーが最良のようにいわれているが、建築という

> 環境づくりは
> 建築家にできる
> 社会貢献である

のは本来、つくったら手間のかかるものなのだ。

　建築家にできる社会貢献といえば、環境づくりだろう。私は、直島での仕事におけるベネッセの福武總一郎さんや、瀬戸内海沿岸の環境再生運動として瀬戸内オリーブ基金を一緒にやっているユニクロの柳井正さんをはじめ、多くの企業を巻き込みながら環境づくりを続けている。たいていが個性的な経営者のいるところで、そのトップの下で私たちに振り回される部下の人たちは大変だろうと思う。「また安藤が来てボスに変なことを吹き込んでいる」などといわれているに違いない。

　東京では「海の森」に携わっている。ゴミの山を緑の森にして環境再生運動のモデルにしようという東京都との試みだが、1,000円の募金が50万人から集まった。苗木1本が約500円なので100万本、それを育てて100ヘクタール、30万坪を森にしようと続けている。すでに今、日比谷公園の倍くらいの公園になっている。ここで上手くいけば、ほかにもいい意味で飛び火していくのではないかと期待している。

　ほかにも東北では「鎮魂の森」をつくっている。これは2011（平成23）年に起きた東日本大震災後に「行方不明の子がいるかもしれない瓦礫に土をかぶせて街はつくれない。街に戻せないのなら森にしよう」ということで始まった。時間とともに生長し、大地深くに根を下ろしていく木々の生命力をもって失われた風景を記憶し、亡くなられた人々の魂を鎮め、これからを生きていく人々の心を励まそうというものである。

　瀬戸内オリーブ基金、大阪の桜の会・平成の通り抜け、大川・中之島沿いの壁面緑化・ツタ募金など、建築以外の環境運動に1週間のうちのかなりの時間を割いている。イベントは日曜日開催のことが多いため、担当スタッフと私は一年中休みもない。そういう地道な下地づくりを続けていく中で、生命ある都市環境というものは育まれていくのだろうし、そうした環境のもとでこそ、私たちがめざす生きた建築をつくることもできるのだと信じている。先は長いが「言い出したからにはやり通す」という意地で、なんとか頑張り続けている。

注釈

*1　銀沙灘
銀閣寺の方丈(本堂)前にある、段状の砂盛り。白砂で月の光を反射させるためのものという説がある。

*2　向月台
銀沙灘と同じく、銀閣寺方丈前にある円錐台形の砂盛り。この上に座って東山に昇る月を待ったという説がある。

*3　北山孝雄
1941-。安藤忠雄の双子の弟。東京で北山創造研究所を主宰している。

*4　東孝光
1933-。建築家。1966年、東京の都心に建てたわずか6坪の鉄筋コンクリートの自邸・塔の家が狭小住宅の先駆けとして有名。1995年、日本建築学会賞受賞。

*5　高口恭行
1940-。京都大学工学部建築学科卒、工学博士。2003年、関西建築家大賞を受賞した。現在は、大阪にある浄土宗寺院一心寺の長老。

*6　笹田剛史
1941-2005。建築家。京都大学工学部建築学科卒、工学博士。大阪大学工学部環境工学科教授を務めた。大阪大学名誉教授。

*7　西澤文隆
1915-1986。建築家。坂倉準三建築研究所の大阪支所長を担い、坂倉の死去に伴い同研究所代表を務めた。建築と庭園の関係を追究し、社寺仏閣の実測調査を行ったことで知られる。

*8　水谷頴介
1935-1993。東京に生まれ、神戸で育った建築家。工学博士。住宅の設計のほか、各地で都市計画に携わり、神戸六甲アイランド、ポートアイランド、福岡シーサイドももちなどの開発を手がけた。

*9　TeamUR
水谷頴介が大阪市立大学内で主宰した都市開発チーム。数々の都市計画や都市デザインに携わりながら多くの人材を育てた。

*10　大阪府建築士会『Hiroba』
大阪府建築士会が会員向けに発行していた機関誌。関西の建築事例などを多数掲載した。現在は同会機関誌『建築人』に引き継がれている。

*11　石岡瑛子
1938-2012。世界的に活躍したアートディレクター、衣装デザイナー。1970年代に日本の広告デザインを手がけたのち、活動拠点をニューヨークに移して映画や演劇の衣装デザインを数多く手がけた。2008年の北京オリンピックの開会式でも衣装デザインを担当した。

*12　伊藤隆道
1939-。造形家。ステンレスパイプを使用したモーター駆動による"動く彫刻"で知られる。東京藝術大学名誉教授。

*13　倉俣史朗
1934-1991。1960年代後半から空間デザイン、家具デザインを手がけ、世界的に高く評価されたデザイナー。アクリルやガラスなどを多用したデザインは"クラマタ・マジック"と評された。1990年、フランス文化省芸術文化勲章受章。

*14　田中一光
1930-2002。昭和を代表するグラフィックデザイナーの一人。日本万国博覧会政府館の展示設計や札幌冬季オリンピックの企画、展示設計などを手がけ、1973年、西武流通グループ(現・セゾングループ)のアートディレクターに就任した。

*15　伝統論争
1955年の雑誌『新建築』における、当時の編集長・川添登と丹下健三の対談に端を発した論争。日本の伝統を現代の視点からとらえ直すというテーマに対し、建築家の白井晟一や篠原一男、吉村順三、芸術家の岡本太郎などが同誌上で自論を展開した。

*16　飛騨高山の吉島家や日下部家
いずれも飛騨高山の旧商家。優れた技術と良材を用いた伝統的な日本建築を今に遺している。

*17　白川郷の集落
岐阜県の庄川流域に位置し、特に荻町地区が合掌造りの集落として知られている。1995年、白川郷・五箇山の合掌造り集落として、ユネスコの世界文化遺産に登録された。

*18　川添登
1926-。建築評論家。月刊誌『新建築』の編集長を経て独立。1960年代には建築家の菊竹清訓らとメタボリズム・グループを結成した。1972年、日本生活学会を創設し、理事長を務める。

*19　白井晟一
1905-1983。建築家。ベルリン大学などで哲学を学び、帰国後に建築設計を始めた経歴をもち、孤高の建築家と呼ばれた。1968年、日本建築学会賞受賞。

*20　菊竹清訓
1928-2011。建築家。1960年代、前衛建築運動・メタボリズムを提唱。2005年の愛知万博では総合プロデューサーを務めた。1963年、日本建築学会賞受賞。

*21　清家清
1918-2005。建築家。戦後日本で日本伝統の住宅と近代建築を結合させた都市住宅のプロトタイプを提案した。1954年、日本建築学会賞受賞。東京藝術大学教授、日本建築学会会長などを歴任。勲二等瑞寶章受章。

*22　増沢洵
1925-1990。建築家。1952年、吹き抜けを特徴とする9坪の自邸・最小限住居を発表して注目を集めた。1977年、日本建築学会賞受賞。

*23　世界デザイン会議
1960年5月11日から16日にかけ、24カ国227名のデザイナー、建築家を集めて東京で開催された大規模な会議。坂倉準三、柳宗理、丹下健三らが実行委員を務めた。建築界からはルイス・カーンが来日。この会議を契機に川添登、菊竹清訓らによるメタボリズム・グループが結成された。

*24　大谷幸夫
1924-2013。広島平和記念資料館の設計で丹下健三を補助。国立京都国際会館などを設計した。東京大学名誉教授。

*25　ブルーノ・タウト
1880-1938。ドイツ出身の建築家。鉄のモニュメント、ガラスの家などの作品で表現主義の建築家としての地位を築くが、ナチスの迫害を逃れて日本に亡命。群馬県高崎市の少林山達磨寺洗心亭に居住し、日本文化についての著作を発表した。静岡県熱海市に日本で見られる唯一のタウト建築、旧日向別邸が残されている。

*26　上野伊三郎
1892-1972。建築家。早稲田大学理工学部建築学科卒業後、ベルリンとウィーンに

留学。帰国後に日本インターナショナル建築会を結成。外国会員にブルーノ・タウト、メンデルゾーンらが名を連ねた。妻の上野リチとの合作にスター・バーがある。

＊27　下村正太郎
1927-2007。大丸の創業家12代目当主。同社長、会長、名誉顧問を務めた。

＊28　前川國男
1905-1986。建築家。ル・コルビュジエのもとで建築を学んだ。作品に日本相互銀行本店、東京文化会館などがある。1952年から日本建築学会賞を複数回受賞し、1968年に第1回日本建築学会賞大賞受賞。

＊29　サヴォワ邸
1931年に竣工したフランス・パリ郊外の住宅。ル・コルビュジエの代表作の一つであり、ル・コルビュジエが提唱した近代建築5原則のすべてが実現されている。

＊30　近代建築5原則
1927年にル・コルビュジエが提唱。「ピロティ」、「自由な平面」、「自由な立面」、「独立骨組みによる水平連続窓」、「屋上庭園」からなり、その後の近代建築の発展に大きな影響を与えた。

＊31　ロンシャンの礼拝堂
正式名称はノートルダム・デュ・オー礼拝堂といい、フランスのオート=ソーヌ県ロンシャンに位置するカトリック・ドミニコ会派の礼拝堂である。ル・コルビュジエ後期の代表作で、カニの甲羅をかたどった彫塑的なファサードと、開口部から差し込む幾条もの光が特徴的。

＊32　日本建築学会賞
社団法人日本建築学会が設ける、日本の建築賞の最高峰。建築に関する

学術・技術・芸術の発展向上に著しく貢献した個人・団体に授与される。

＊33　通り庭や坪庭
ともに伝統的な京町家に見られるもので、坪庭は家の最も奥に配置する。各部屋をつなぐ通り庭として土間があり、坪庭から間口までの風の通り道となる。

＊34　伊藤ていじ
1922-2010。建築史家、建築評論家、作家。日本の民家研究の第一人者で、著書『日本の民家』で毎日出版文化賞を受賞、1961年には日本建築学会賞（論文賞）を受賞した。

＊35　二川幸夫
1932- 。日本における建築写真の第一人者。建築雑誌『GA』を自ら発行した。

＊36　吉田五十八賞
昭和期に活躍した建築家・吉田五十八の功績を称え、吉田五十八記念芸術振興財団により設けられた建築の賞。建築部門と建築関連美術部門からなり、1976年から1993年まで全18回にわたり優れた作品と制作者に授与された。

＊37　村野藤吾
1891-1984。建築家。代表作に、国の重要文化財に指定される山口県の宇部市渡辺翁記念会館、世界平和記念聖堂などがある。日本建築学会賞大賞など受賞歴多数。

＊38　大江宏
1913-1989。建築家。代表作に伊勢神宮内宮神楽殿、国立能楽堂などがある。1988年、日本建築学会賞大賞受賞。

＊39　松井源吾
1920-1996。構造家。先進的な構造手法を用い、菊竹清訓の建築作品、世田

谷美術館の構造設計などを手がけた構造家のパイオニア。

＊40　横山公男
1924- 。建築家。日蓮正宗の総本山・大石寺の設計を担った。1964年、日本建築学会賞受賞。

＊41　林昌二
1928-2011。日建設計でチーフアーキテクトとして活躍し、同社取締役、副社長、副会長などを歴任した建築家。1971年、日本建築学会賞受賞。そのほか、代表作に中野サンプラザなどがある。

＊42　小論『都市ゲリラ住居』
1972年、安藤が建築雑誌『都市住宅』別冊号のために執筆した論文。大都市の過密地域に住み着こうと頑張る個人の住まいを闘うゲリラのアジトと位置づけ、実例として「冨島邸」など3軒を掲載した。

＊43　双生観（山口邸）
1975年に竣工した、安藤設計による住宅。高さの異なる2棟のコンクリートボックスにドーム型のトップライトを設けた建築で、安藤建築のコンクリートの美しさを印象づけた。

＊44　ルイス・カーン
1901-1974。エストニア系アメリカ人建築家。打ち放しコンクリートを用いた端整な建築を数多く残した。代表作はソーク研究所、キンベル美術館など。

＊45　ハーレン・ジードルンク
ル・コルビュジエのユニテ・ダビタシオンに影響を受け、スイス・ベルンに拠点を置く設計チーム、アトリエ・ファイブがベルン郊外に設計した低層連続住宅で、傾斜地に階段状に建てられている。

＊46　ユニテ・ダビタシオン
ル・コルビュジエがフランス・マルセイユに建てた集合住宅。337戸の住戸にレストラン、プールなどの共用施設が組み込まれた当時としては画期的な発想で、その後の建築界に多大な影響を及ぼした。

＊47　シェーカー教徒
シェーカーは18世紀、イギリスの工場労働者アン・リーと8人の仲間が信仰の自由を求めてアメリカに渡り、発展させた教団。教徒は俗世間を離れた郊外で、規律を守り、日用品も自分たちで作る自給自足の集団生活を送った。

＊48　ラ・トゥーレット修道院
フランス・リヨン郊外にある、ル・コルビュジエの設計によるカトリック・ドミニコ会派の修道院。緑の丘の斜面に沿った長方形の力強い建築で、ル・コルビュジエ後期の代表作。

＊49　福武總一郎
1945- 。株式会社ベネッセホールディングス取締役会長。地域振興助成のために設立した福武財団の理事長も務める。

＊50　柳井正
1949- 。株式会社ファーストリテイリング代表取締役会長兼社長。カジュアル衣料ブランド・ユニクロのグローバル化を図り、世界的企業に成長させた。

Keyword #6

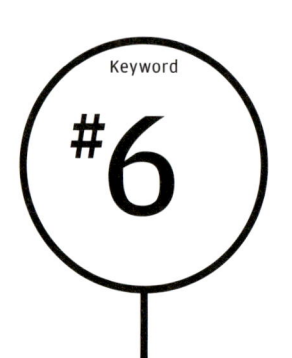

GUTAI

具体美術協会

「皆それぞれの分野で
『自分が新しい世界を切り拓くんだ』と
エネルギーに満ちあふれていて、
一緒にいると、こちらまで
熱くなってくるような気がした」
—— Tadao Ando

**戦後日本で
新しい価値の
創造に挑んだ
前衛美術家
グループ**

1954(昭和29)年、抽象画家の吉原治良を中心に結成された前衛美術グループで略称は"具体(GUTAI)"。「われわれの精神が自由であるという証を具体的に提示したい」(機関誌『具体』より)という思いから名付けられた。白髪一雄や村上三郎など阪神在住の若い美術家たちがメンバーとなり、「これまでにないものをつくれ」という吉原の考えのもと、舞台でのパフォーマンスや空中展示など奇想天外ともいえる作品の数々を生み出した。敗戦後、奇跡的な復興を遂げた1950～1960年代の日本の底力を象徴するようなエネルギーに満ちた作品やその活動は、安藤をはじめ各分野の人々にも多大な影響を与えた。"具体"の活動は当時の日本ではあまり重視されなかったが、ヨーロッパを中心に海外で現代芸術の先駆者として評価された。1972(昭和47)年、吉原の死去により解散した。

↑吉原治良(中央)と「具体」の会員たち。山崎つる子の作品を前に、野外具体美術展(1956年)。写真:芦屋市立美術博物館提供。
©The former members of the Gutai Art Association

《黒地に赤い円》

1965年

吉原治良の代表作。吉原は後年、"円"の作品を多く描き、日本国際美術展の国内大賞など国内外で数々の賞に輝いた。兵庫県立美術館所蔵。

精神の自由を具体的に表現する

吉原治良：1905-1972。具体美術協会代表。大阪に「具体」の展示館を開いた。写真は、アトリエにて自作を前に（1970年）。写真：芦屋市立美術博物館提供。
©Shinichiro Yoshihara and the former members of the Gutai Art Association 

白髪一雄：1924-2008。天井から吊るしたロープにぶら下がり、足を使って躍動感溢れる作品を描くフット・ペインティングで知られた。写真：個人所蔵。

村上三郎：1925-1996。紙の壁を破る表現で有名。写真は《通過》、第2回具体美術展（1956年）。写真：芦屋市立美術博物館提供。
©Makiko Murakami and the former members of the Gutai Art Association 

向井修二：1940-。記号の集積による作品を発表。写真は《記号の部屋》、第10回具体美術展（1961年）。写真：芦屋市立美術博物館提供。 
©Shuji Mukai and the former members of the Gutai Art Association

Keyword #7

Shitamachi Kara-Za

下町唐座

Photo: Shinkenchiku-sha

鉄パイプで組まれた"神出鬼没の移動劇場"

アングラ演劇界の鬼才、唐十郎のための移動劇場。下町の復興を目的に台東区での建設が検討されたが、予算がつかずいったん計画は頓挫。その後、セゾングループからの援助が決まり、実現することとなった。

安藤が最初にイメージしたのは、戦国時代の砦・烏城のような非日常的なたたずまいと、日本の伝統的な祝祭で用いられる黒と赤の鮮烈な色彩だった。宙に浮かぶ太鼓橋のアプローチをもつ木の櫓(やぐら)構造が計画されたが、移動劇場という性格から、より解体・再構築しやすい建設現場用の鉄パイプを用いるというアイデアが生まれる。鉄パイプというあ

Shitamachi Kara-Za

下町唐座

●所在地
東京都台東区浅草7-1(竣工当時)
●竣工
1988年3月(浅草)
●延床面積
601.4㎡
＊1988年に解体、現存しない

汎用性の高い鉄パイプならば、組み立て方法を伝えれば世界のどこでも再現でき、工期も短く済むと考えられた。

黒と赤に彩られた非日常空間

「社会に抗って個を貫く彼らに共感を覚え、そこに自分の進むべき道を見つけた。どこにでもあるものから生まれる『下町唐座』は、どこにもない建築でなければならなかった」
—— Tadao Ando

唐十郎 Juro Kara / 1940-

劇作家、演出家、俳優。1963年、状況劇場を設立。野外に紅テントを張り、各地で公演した。1988年、劇団唐組を主宰。岸田國士戯曲賞、鶴屋南北戯曲賞受賞、『佐川君からの手紙』では芥川賞を受賞した。2012年度朝日賞受賞。写真：劇団唐組提供。

りふれた無骨な素材が、唐十郎による"神出鬼没の移動劇場"のコンセプトにふさわしいと考えられた。

こうして1988（昭和63）年、隅田河岸に黒の壁面と赤いとんがり屋根をもつ、内径40メートル、高さ23メートルに及ぶ巨大な劇場が誕生した。赤い屋根は、唐十郎が率いた劇団・状況劇場のシンボルであった紅テントを継承している。こけら落としの「さすらいのジェニー」では唐十郎率いる一座が気迫のこもった演技を見せ、大いに観客を沸かせた。満員盛況のうちに終わった1か月間の公演中、「下町唐座」はその威容で唐十郎の世界観を存分に演出した。

しかし、鉄パイプといっても工費のかかる「下町唐座」の存続には継続的なスポンサーが不可欠であり、結局、もう一つの公演を行った後に解体された。バブル経済下の夢のようなプロジェクトとして、演劇界の語り草となっている。

Prologue

#8

Keyword

「出来上がると、訪れた人は皆、
『新築なのに汚いですね』という。
『こいつらは建築が分かっていない』と
一人腹が立った」
— Tadao Ando

都市に立ち向かう"都市ゲリラ住居"

冨島邸

若き情熱をぶつけたコンクリートの箱型住宅

友人の依頼で設計した、安藤の実質上の処女作。下町の木造長屋が密集する中の5軒長屋で、端の1軒を切り取ってコンクリートの箱型住宅に置き換えた。

延床面積20坪あまりの敷地で最大限のスペースを確保するため、コンクリートの単純な形の箱の中に、ひとつながりの空間が設計された。各部屋にドアはなく、スキップフロアでつながれている。窓は唯一、2階のコーナーに設けられているだけで、おもな開口部は屋上のスカイライトに絞られた。日中はこのスカイライトの下にある吹き抜け階段を通って自然光が落ちてくる、洞窟のようなイメージだ。ただひたすら明るいモダンリビングを求める時代の流れとは対照的に、安藤がこの頃から「住まいには光だけでなく闇も必要だ」という考えをもっていたことが見て取れる。

コンクリートの壁に必要以上の開口部を設けていないのは、このとき初めてコンクリートを扱った安藤が、建築における壁の力を実感していたことの証でもある。四方を遮断するように壁で囲み内部を充実させた、都市に立ち向かう"都市ゲリラ住居"に込めた安藤の気概は、この小さな住宅でも存分に発揮された。

安藤はのちにこの住宅を譲り受け、増築を繰り返しながら自身のアトリエとして使った。第1期で屋上に屋根を架け、第2期で隣接地に新築棟を建築。第3期には2棟の間にペントハウスをつくり、改造された旧「冨島邸」は迷宮のような不連続な空間と化した。安藤の創造力の拠点として、また建築実験の場として愛用された「大淀のアトリエ」である。

←初期の代表作である「住吉の長屋」の完成以前に設計したコンクリートの箱型住宅。

↑屋上のスカイライトの下に吹き抜け階段を設け、室内に自然の光を届けるようにした。

Tomishima House

冨島邸

●所在地
大阪府大阪市北区
●竣工
1973年2月
●延床面積
72.4㎡

*1990年に解体後、同地に「大淀のアトリエⅡ」新築のため現存しない

Keyword #9

大淀のアトリエ Ⅱ

「吹き抜け階段の上部は全面トップライトになっており、そこから建物内部深くまで入り込む自然光が、コンクリートの壁に繊細な表情の移ろいを映し出す。この光の井戸の底が私の仕事場である」
—— Tadao Ando

#8
旧「冨島邸」を増築した「大淀のアトリエ」を解体し、新たに建築した安藤の現アトリエ。敷地に沿った旧アトリエの輪郭や内部構成はほぼ残しつつ、地下1階、地上5階建てで設計された。コンクリートの外壁は、「冨島邸」が建てられた当初より格段に滑らかな、現在の安藤建築の象徴といえる美しさにまで引き上げられている。

内部は1階から5階までを貫く吹き抜けに面して、各フロアが段状に重ねられた構成。各フロアをつなぐ階段の踊り場が、そのまま部屋へと拡大されたようなつくりだ。吹き抜け階段の上部には天窓が設けられ、そこから建物の深部まで木漏れ日のように自然光が注ぎ込む。光の底に位置する空間が安藤のスペース。スタッフのデスクは、そこと吹き抜けを介してつながれた各フロアに配されている。ドアで遮られていないため、アトリエのどこにいても声が聞こえるのが特徴だ。吹き抜け階段から各フロアを巡る壁は全面書架となり、安藤がここから世界へと向かってゆくエネルギーを感じさせる。

道路を挟んだ向かい側には、のちに「大淀のアトリエ・アネックス」も建てられた。

↑吹き抜け階段から見た4階のオフィス。各フロアとブリッジを巡る壁は、全面書架となっている。
Atelier in Oyodo Ⅱ

大淀のアトリエ Ⅱ

●所在地
大阪府大阪市北区
●竣工
1991年4月
●延床面積
451.7㎡

↑後部は敷地の形状に沿って弧を描く。屋上のトップライトは踏襲された。

◀ Atelier in Oyodo Annex
L字型のコンクリートボックスとその一端に取り付けられた鋭角な空間からなる。中庭に青々と茂るクスノキを軸に、テラスと吹き抜けでつながる「大淀のアトリエⅡ」を補完する。

大淀のアトリエ・アネックス
●所在地　大阪府大阪市北区　●竣工　1995年3月　●延床面積　247.4㎡

column
自然光が照らすコンクリートの繊細な表情

トップライトから光が差し込む5層吹き抜けの空間。各階が吹き抜けを通してつながっている。

Keyword #10

極限まで そぎ落とされた 光と闇の空間

「コストが厳しいから
最小限のサイズの単純な箱型でいくしかない。
それを人々が心を一つにする
祈りの空間にどうしたらできるのか。
そんなギリギリの条件の中で生まれたのが
光の十字架のアイデアだった」
—— Tadao Ando

コンクリートの壁に切り込まれた十字のスリットから光が差し込み、厳かな雰囲気で満たされる空間。

Photo: Mitsuo Matsuoka

Church of the Light

光の教会

コンクリートの箱に光の十字架が浮かび上がる

ほの暗い洞窟のような礼拝堂の中で、刻々と変化する十字の光が黒い床を象徴的に照らす。

信者からの依頼を受けて始まったこのプロジェクトは、住宅地の一角にある小さな敷地で、予算も限られていた。ギリギリの条件の中で、祈りの場にふさわしい空間をいかに生み出すか——安藤が出した答えが、間口と高さは6メートル、奥行き18メートルのコンクリートの箱に、1枚の自立する壁を斜めに配置しただけのシンプルな構成である。

室内に入る光を抑えることで、内部に闇と光の空間をつくり出した。室内には、工事現場で用いられる杉の足場板を黒く塗った簡素なベンチと説教壇があるのみ。徹底的にそぎ落とされた緊張感に満ちた空間に、光の十字架が浮かび上がる。人々の心を導くことを願う抽象化された光が、人と自然とのプリミティブな関係を認識させる役割も担っている。

安藤のイメージの一つに、ヨーロッパ中世のロマネスク様式の修道院があった。修道士たちが命を削りながら石を積み上げてつくった洞窟のような礼拝堂に、開口部から外の強い光が差し込む、そんな厳しくも美しい、人間の精神に訴える建築をコンクリートの箱でつくることはできないか——それは建築家としての信念を表現する、安藤の夢でもあった。実際の建築にあたり、予算を超えてしまっても実現できたのは信者たちと建設会社の熱意の賜物である。1999（平成11）年には同じ敷地内に子どものための日曜学校が、2011年には牧師館が完成している。

↑時間とともに表情を変える、光の空間のイメージスケッチ。

Photo: Mitsuo Matsuoka

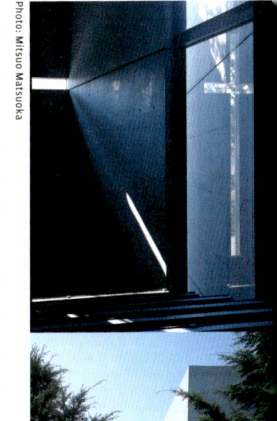

↑自然光がコンクリートに多彩な表情を与える。緑豊かな環境も生かした。

Church of the Light
(The Ibaraki Kasugaoka Church)

光の教会（茨木春日丘教会）
- 所在地
大阪府茨木市春日丘4-3-50
- 竣工
1989年4月
- 延床面積　113.0㎡
＊見学にはホームページからの事前申し込みが必要

Church of the Light, Sunday School

「光の教会」の完成から10年後、教会付属の日曜学校が増設された。安藤は単なる継ぎ足しではない、緊張感のある新旧の関係性の創出を主題とし、礼拝堂の闇の空間と対比をなす光に満ちた明るい空間を生み出した。杉板の床材、ベニヤの家具ともに生成りで仕上げている。

光の教会 日曜学校
- 所在地　大阪府茨木市春日丘4-3-50 ● 竣工　1999年2月
- 延床面積　148.8㎡　＊見学にはホームページからの事前申し込みが必要

Prologue

Keyword #11

「ケチな大阪人には無理という意見もあったが、いざ始めてみると2か月で2万人からの募金が集まった」
—— Tadao Ando

大阪が桜色に染まる新しい原風景

桜の会・平成の通り抜け

Association for
the Heisei-Era Alley
of Cherry Blossoms
Campaign

大阪人の街への愛情から生まれた世界最長の桜並木

昔から市民主導型のまちづくりが進められてきた大阪。その先人たちの高い公的精神を受け継ぐ形で、大阪人の原風景である大川沿いの活性化を目指し、安藤らの手によって桜の植樹活動が開始された。

一口1万円の募金活動により、2004(平成16)年から2010年までの間に植えられた桜は約3,000本。その数は、大勢の人でにぎわう"通り抜け"で知られる造幣局に植えられている約350本を大幅に上回る。2006年からは大阪市域、府域の公共施設まで植樹範囲を広げた。2008年には募金額が目標の5億2,000万円に到達。これをもって「桜の会・平成の通り抜け」募金はその役目を終えた。

2009(平成21)年からは桜の植樹スペースのない川沿いの壁面緑化運動も提案。川沿いに建つビルの壁面にツタを這わせ、緑の壁を育むというアイデアである。

川の流れが育んできた大阪の街は今、桜や緑によってその姿を変えつつある。大阪人の自分たちの街に対する強い愛情から生まれたその風景は、新たな原風景として大阪人の心に刻まれている。

↑桜の植樹に向けた募金を呼びかけるために作成されたリーフレット。

←満開の桜が川沿いに続く大阪・中之島の風景。2010年4月撮影。
Photo: Kaori Ichikawa

↑最初の1本を植える小泉純一郎首相(当時)。

↓大川沿いを桜で彩るプロジェクト。川沿いのビルの壁面緑化も進めている。

Keyword #12

都市に描く夢

> 「私はとても短気だが、
> 一方でとても気が長いというか執念深いところがある。
> 一度ボツになった案でも『いつか必ず実現しよう』と
> 諦めずにチャンスを待ち続けるのだ。
> いつでも二つ三つは
> そういうアイデアをこっそり抱えている」
> —— Tadao Ando

　安藤は大阪への恩返しという気持ちと、昔ながらの大阪人の公的精神から、大阪に対してさまざまな提案を繰り返し行っている。都市の記憶の継承、そして既存の建物を残しつつ、新しい命を吹き込むという新旧の衝突を主題とした提案から、大阪人による大阪の街の活性化案まで、そのほとんどは誰から依頼を受けたわけでもなく、自らすすんで発案したものである。残念ながらすべてが実現したわけではないが、「中之島プロジェクトⅡ：アーバンエッグ」を彷彿させる「東急東横線渋谷駅」など、実現できなかったアイデアが違う形で花開くことも少なくない。

#40

Suggestion 1　Flowering Walls for Our Hope

希望の壁　　　　　　　　　　　　　　　2012

　安藤からの無謀とも思える提案を積水ハウスの会長・和田勇が快諾して、2012（平成24）年にスタートした同社によるプロジェクト。同社所有のビル、梅田スカイビル東側のオープンスペースに全長100メートル、高さ10メートルの緑と花に覆われた壁が誕生する。その壁は大阪の未来＝希望を象徴している。2013年春、開花の時期に完成する予定。

↓「希望の壁」のイメージドローイング。色とりどりの花と緑に覆われた緑化壁が立ち上がる。

Flowering Walls for Our Hope
- 計画地　大阪府大阪市北区大淀中1-1-88（梅田スカイビル）
- 計画　　2012年-

Prologue

column

大阪への愛情を形にした提案の数々

Suggestion 2　Osaka Station Area Reconstruction Project Ⅰ

大阪駅前プロジェクトⅠ　　　　　　　　1969

　安藤による大阪への都市提案の第1弾は、"地上30メートルの楽園"と題したプロジェクトだった。大阪駅前に建つ複数のビルの屋上を緑化し、起伏をもつ緑の景観をつなげることで、地上30メートルに緑あふれる空中庭園をつくろうというもの。このアイデアは約30年後、駅前に全長300メートルの森をつくろうという「大阪駅前プロジェクトⅡ」へと展開していく。

↓緑化した屋上をデッキでつないで屋上庭園を創出。さらに美術館などを組み込むイメージを展開している。

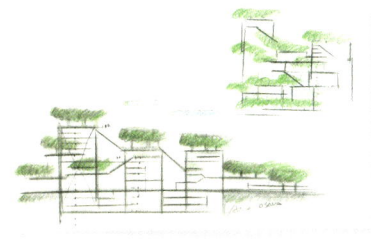

Suggestion 3　Nakanoshima Project Ⅰ

中之島プロジェクトⅠ　　　　　　　　1980

　1971(昭和46)年に持ち上がった中之島の再開発計画を機に、建築家・上田篤の提案により中之島の歴史的建造物の保存・再生を主題とした「中之島〈第三の道〉展」が1980年に開催された。その中で安藤が行ったのが1921(大正10)年に建てられた大阪市役所の再生提案「中之島プロジェクトⅠ」である。御堂筋を挟んで市役所向かいに建つ日本銀行大阪支店の建物を含め、既存の建物の外形をそのまま残して内部を再構成する提案だった。

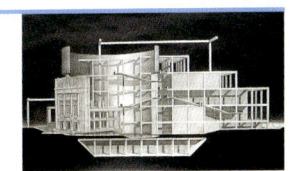

↑断面イメージドローイング。新旧を対比させる形での再開発を提案した。

Suggestion 4　Nakanoshima Project Ⅱ：Urban Egg

中之島プロジェクト Ⅱ：アーバンエッグ　　　1988

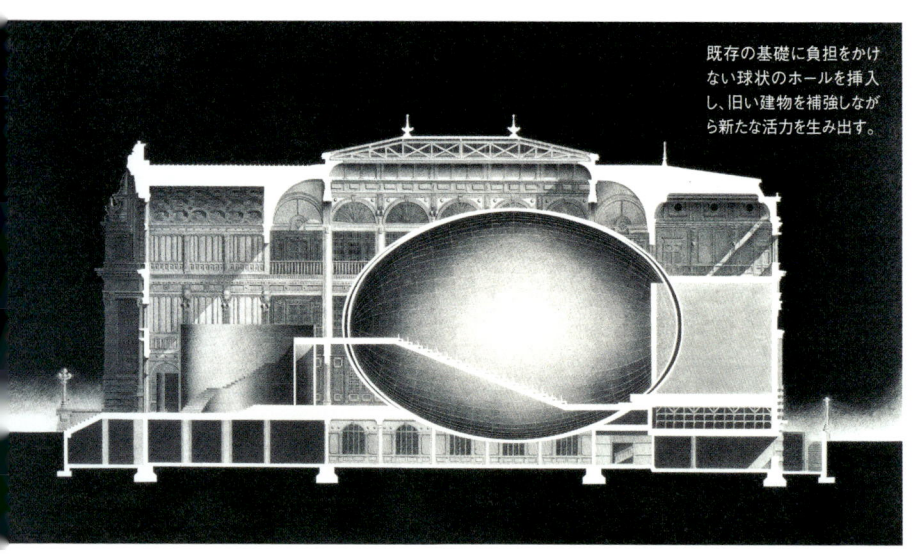

既存の基礎に負担をかけない球状のホールを挿入し、旧い建物を補強しながら新たな活力を生み出す。

「中之島プロジェクトⅠ」をさらに展開したプロジェクトで、中之島にある1918（大正7）年に建てられた中央公会堂の再生計画。既存部分にはいっさい手を加えず、1・2階の吹き抜けホールに卵型のホール"アーバンエッグ"を挿入することで、内部に生じる新旧の空間の衝突を意図した。そこに生じるエネルギーに、現状の保存とともに未来の可能性への期待を込めた。

↑市民に親しまれる現在の中央公会堂。ネオ・ルネサンス様式。写真：大阪市中央公会堂提供。

Suggestion 5　Nakanoshima Project Ⅱ：Space Strata

中之島プロジェクト Ⅱ：地層空間　　　1988

　アーバンエッグと同時に発案した、中之島の地下空間への提案は、中之島の地上風景をそのまま残しつつ、その地下に文化都市を構築しようとするものだった。地上部は、二つの川に挟まれた全長3.5キロの中洲という立地を生かした親水公園として整備、再生をする。地上から地下までを一体として利用することで、立体的な都市空間をつくることを目指した。

↑"地中30メートルの楽園"と題した提案の模型。

Photo: Hiroyuki Hirai

↓地下に新規の空間を展開する地中都市的提案。

column

Suggestion 6　JR Osaka Station Area Reconstruction Project Ⅱ

大阪駅前プロジェクト Ⅱ

1997

　JR大阪駅前に全長約300メートルの森をつくろうという提案。森の周囲上部に、車の往来にさえぎられることなく人々が散策できる空中回廊を設ける。大阪の玄関口である駅前を緑で彩り、街に足を踏み入れると同時にほっとくつろげるような空間の創出を目指した。

↑CGイメージパース。大阪駅に降り立った人を迎える緑の森を提案した。

Suggestion 7　Flower Art Museum 2012

フラワーアートミュージアム2012

2012

　実現した都市提案の一つ。JR大阪駅大阪ステーションシティ5階の「時空の広場」で行われた花のイベント。花、アート、参加型コンテンツが一体となった空間を目指した。ふだんは殺風景な広場が2万鉢以上の花で埋め尽くされた。

Flower Art Museum 2012
- 会場　大阪府大阪市 JR大阪駅大阪ステーションシティ
- 会期　2012年10月29日-11月11日

↑35種類の花々が彩る花の祭典。ワークショップやライブ演奏、花のプレゼントなども行われた。

Suggestion 8　Tall Green Project

大阪マルビルの緑化

2012

　中之島の壁面緑化の一環として実現した提案。環境都市大阪のシンボルとして、大阪マルビルの壁面を緑化するという計画に大和ハウス工業の会長・樋口武男が二つ返事で賛同した。地上30メートルの高さまで壁面にステンレスネットを設置し、中間階のプランターからツタなど登攀性の植物を這わせると同時に足元の広場の緑化も行う。

2023年

→1976年の竣工以来、大阪のランドマークの一つとなっているビルの全体を約10年かけて緑で覆うことで、大阪の街に直径30メートル、高さ124メートルの"大木"が生まれる。

2012年 　　2013年

Tall Green Project
- 所在地　大阪府大阪市北区梅田1-9-20（大阪マルビル）
- 計画　2012年-

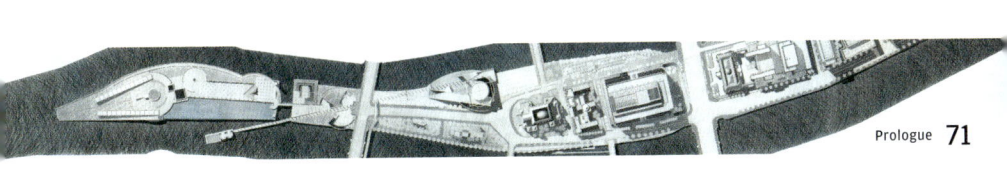

Prologue　71

第1章

Chapter 1 / Osaka

Osaka of the Citizens, by the Citizens, for the Citizens.

大阪人の公的精神がつくり上げた街

大

"When I think about my origin,
the first thought that crosses my mind is: I am an 'Osaka-jin' by nature.
It is doubtless that cultural climate and character of the region forms the core of myself.
The fact that I grew up in a rational and liberal society
to meet generous and intrepid Osaka-jins has significant influence
on my personality, way of thinking and even my life itself.
Especially, I have learned a lot from great public spirit which Osaka-jin used to have."

「自分にとっての原点は何かを考える時に、いつも真っ先に思い浮かぶのは自分が根っからの大阪人であるということだ。この地域の風土、気質が、私という人間の核にあるのは間違いない。合理的で自由な気風の中で生まれ育ったことや、既成概念にとらわれない、豪胆な古き良き大阪人との出会いが、私の人格や考え方、ひいては生き方そのものに、強い影響を与えている。とりわけ、かつての大阪人がもっていた高い公的精神から学んだことは多い」

阪

1933年頃
梅田・心斎橋間に大阪初となる地下鉄が開業するまであと1か月、牛と牽引車に引かれて南御堂前の搬入口に運ばれる車両。写真:毎日新聞社『なにわ今昔』より。

第1章 大阪 序文

安 藤忠雄が立て板に水で、商都大阪を国際級の大都市に整備した先賢の名と事績を語るとき、彼がこの「母なる都市」から多くを読み取り、それを踏まえる形で今日の活動が存在していることを実感させられる。

適塾の医師、緒方洪庵に始まり、中央公会堂を寄付した相場師、岩本栄之助、そして御堂筋を実現した関一（せきはじめ）、そこに大阪の建築を担った武田五一、ウィリアム・メリル・ヴォーリズ、安井武雄らが絡んでいく。

私企業の経営者だったり、公職者であったりとそれぞれ立場は違えども、彼らが拠って立つのは「公共」であり、「公徳心」だった。それを取り戻さねば、政治経済の地盤沈下著しい大阪は、小さな私欲だけが渦巻く都市に堕してしまう。負のスパイラルと決別し、「誇りある商都」に復帰させるために共有すべき大前提として、安藤は先賢の偉業を折に触れて口にして、緑化などの都市活動の先頭に立ち、愛すべき存在の大阪市民を鼓舞しようとするのだ。

商都を受け継ぐ市民への励まし

確かに、大阪は戻るべき確たる原点が存在する国際級のメトロポリスなのだ。「御堂筋」を歩けば得心がいく。7代目の大阪市長、関一が1937（昭和12）年に完成させた「御堂筋」の幅員はなんと43.6メートルもあり、長さ4.1キロはパリの凱旋門からルーヴル美術館まで至るシャンゼリゼ通りの都市軸線を圧倒している。19世紀に態様を整えた世界のメトロポリスのどの都市軸線道路も、「御堂筋」の前では色あせて見える。

文明とはそのようなものだ。その地で人生を営む多くの後進に世界のどの場に出てもひるまないための「自負」を与える先賢からの申し送り。自らの文明への自負そのものが、公共財であり、それを維持していく市民の心がけが「公徳心」となって社会の質を維持していく。

高度経済成長期における東京一極集中のあおりで、大阪のひとびとは彼ら自身が

文／松葉一清

拠って立つ文明の気高さを忘れ、実態以上に卑下しがちだ。これまでの安藤の活動はその大阪への「檄」の連続だった。

20世紀の建築家の常として、ル・コルビュジエがそうしたように、安藤はまず「住宅」で逆境に立ち向かった。「住吉の長屋」に始まる、「井筒邸」などの一連のコンクリートボックスの小住宅は、個人の立場で商都を支えてきたひとびとが、都心にとどまって日常のたつきを得る活動を、建築家として補佐する使命を帯びていた。

相場師、岩本栄之助が破産しても実現させた中之島の「中央公会堂」に卵形の新ホールを入れ子で挿入する大胆な改築の提案は、大阪の都市文明の「豪気さ」の継承宣言であった。御堂筋と交差する中之島こそが、大阪が誇るべき「建築島」であることを社会に訴えた。そうした提案が、大阪名物の造幣局の桜の通り抜けを中之島全体に波及させる植樹活動に実を結んだ。

大阪市内を離れた「近つ飛鳥博物館」、「狭山池博物館」、そして「司馬遼太郎記念館」では、先賢への敬意が安藤の作品によって、広く再認識されるに至った。「近つ飛鳥博物館」では関西のみならず日本の文明の基礎を築いた古墳に眠る古代人への敬意と感謝、「狭山池博物館」では在郷のひとびとのために貯水池を築いた行基、重源といった高僧の偉業への思慕が託された。関西在住で明治維新前後からの文明構築の軌跡をたどった司馬遼太郎への追慕は、「知の中核」と呼びうる書架を積層した建築で表現された。この三つの作品では、安藤の建築を起点に、桜や菜の花の植樹植栽が市民の手で定着した。

安藤自身、完成から年月を経ても、これらの作品を足しげく訪問し、市民に語りかける場を保ち続けている。その姿はこれからの大阪が歩むべき道しるべに自らがなろうとしているように思える。熱弁に説得力を感じる所以である。

まつば・かずきよ／1953年、神戸市生まれ。京都大学建築学科卒業。朝日新聞特別編集委員などを経て、2008年、武蔵野美術大学教授に着任。近代建築史、近代都市史、現代建築評論を専門としている。おもな著書に『近代主義を超えて』（鹿島出版会）、『帝都復興せり!』（朝日文庫）、『アンドウ=安藤忠雄・建築家の発想と仕事』（講談社）など。

1934年頃
工事が進む御堂筋の様子。道幅約6メートルだった道を、大阪の基軸とするべく幅43.6メートルまで拡張した。写真：朝日新聞社提供。

大阪人の

第1章　　　大阪　　　第1部

Chapter 1 / Osaka

Part 1
Osaka-jin's Landscape of the Heart: Midosuji and Nakanoshima

"I grew up with Midosuji since I was born in Osaka."

大阪生まれ、大阪育ちの私は、
子どもの頃から
御堂筋を見て育った
——Tadao Ando

原風景

御堂筋と中之島

Chapter 1 / Osaka　77

中央公会堂建設に
私財を投じた男は
公的精神を胸に命を絶った。

岩本栄之助
大阪生まれの株式仲買人。日露戦争後の暴騰相場では持ち株を売って仲間を救った。1911年、市に100万円を寄付して中央公会堂の建設に貢献した。写真:大阪市中央公会堂提供。

Einosuke Iwamoto / 1877-1916

目指すは大大阪。
大阪のため、そして大阪人のため、
御堂筋の拡幅に取り組んだ。

Hajime Seki / 1873-1935

関 一
静岡県出身、都市計画学の先駆者。1923年に第7代大阪市長に就任し、公営住宅の整備や御堂筋の拡幅、地下鉄の建設、大阪城天守閣の再建などを行った。写真：大阪市史編纂所提供。

第1部　大阪人の原風景

　大阪の中心街を南北に貫く御堂筋[#13]と、それと交差して東西に延びる中之島。このあたりには、日本でもまれに見る"民間の力の結晶"としての建築が今も力強く生きている。もともと大阪人のもっていた強い公共心が、御堂筋の開通や地下鉄の整備など、今ある街並みの形成に大きく貢献してきた。大阪では、反官的な思想も後押しして、民間の手によって街がつくられていったという側面が大きい。

　大阪生まれ、大阪育ちの私は、子どもの頃から御堂筋を見て育った。4列の銀杏並木が生み出す壮観な都市風景は、多くの大阪人にとって心の原風景となっている。しかし私は、御堂筋のスケールだけでなく、整備にあたって道沿いの市民が自分の土地を提供したというエピソードに、深い感銘を受けた。

　御堂筋は昭和の初め、第7代大阪市長、関一の時代に整備されたものだ。梅田と難波を結ぶ南北幹線の中心道路として、幅24間（43.6メートル）に及び、市の都市計画事業の中でも最大の取り組みだった。この事業は、行政側の努力もさることながら、自分の敷地をセットバックし、公に土地を提供した市民たちの意識の高さがなければ実現しえなかった。

> 先人たちは
> このように高い
> 公的精神をもって
> 街をつくってきた

　大阪は昔から"商人の街"であり、市民主導型のまちづくりを行ってきた。古くは"水の都"と呼ばれた大阪には八百八橋[#14]といわれるほど多くの橋があったが、それらの大部分は市民の手によってつくられたものだ。また、住友家の寄贈による中之島図書館[*1]、岩本栄之助の寄贈により実現した中央公会堂[*2]など、民間の手でつくられた建築が今も大阪の景観を構成する重要な要素となっている。

　大阪人は公共心に乏しく、モラルがないとよくいわれる。しかし、先人たちはこのように高い公的精神をもって街をつくってきた。私たちも確実にその遺伝子を受け継いでいるはずだ。私は、建築の専門教育を受けず、独学でこの仕事を続けてきた。学歴が重視される社会の中でここまでやってこられたのは、ただ、人間が面白いからという理由で仕事を任せてくれた、古き良き勇気ある大阪人たちのおかげだと考えている。商業都市として発展してきた大阪には、新しいことに挑戦する若者を育てようという気風があり、面白いことをしっかりとつかまえる文化があった。

---

*1　第15代住友吉左衛門の寄付により、1904年に大阪初の本格的な図書館として開館した。設計は野口孫市、日高胖。建物は国の重要文化財。

*2　赤レンガの壁と青銅のドーム屋根が特徴的な大阪のシンボル。1918年の完成以来、市民の文化・芸術の発信地となった。建物は国の重要文化財。写真：大阪市中央公会堂提供。

文／安藤忠雄

　中之島の中央公会堂の建設費を寄付した岩本栄之助のエピソードも、大阪人の気質を物語っている。株の相場師だった岩本は、アメリカの富豪たちの慈善事業や寄付の習慣に感銘を受け、大阪にも人が集まり語らう場としての公会堂をつくろうと、私財100万円（現在の貨幣価値で数十億円）を市に提供するが、その後に株で莫大な損失を出し、公会堂の完成を待たずしてピストル自殺する。岩本のような高い公的精神をもった商人たちの足跡が、大阪の発展に与えた影響は計り知れない。

　中央公会堂の実施設計を担当したのは、日本近代建築の祖といわれる建築家、辰野金吾だ。*3 中之島にはこのほか、辰野の代表作の一つでもある日本銀行大阪支店がある。いずれも明治・大正期における本格的様式建築の貴重な遺構であり、また中之島界隈の歴史的景観を構成する重要な要素となっている。辰野は、2012（平成24）年に完成当時の姿が蘇った赤レンガの東京駅舎をはじめ国家の建築を数多く手がけ、どちらかといえば"官の建築家"というイメージが強い。実際、東京では、民間の建物はほとんどつくらなかったという。

　しかし、辰野は日本銀行大阪支店が竣工した2年後の1905（明治38）年に、大阪で辰野・片岡建築事務所を開設。八木通商や中山製鋼など民間企業のビルを設計している。これは、彼が日本銀行大阪支店の設計を進める中で大阪人の心意気を理解し、自由な気風の中でのびのびと仕事ができたからではなかったかと想像できる。

Text by Tadao Ando

Kingo Tatsuno
1854-1919　　*3

　まったくの偶然だが、私自身も八木通商、中山製鋼の仕事をさせていただく機会に恵まれた。いずれも芦屋の近くで、オーナーの住宅を設計した。八木通商の八木さんは、もともとウィリアム・メリル・ヴォーリズの設計した自邸に住まわれていたが、1995（平成7）年の地震で被災したため、建て替えを私に依頼された。中山製鋼の中山さんは創業一家の御曹司であり、私とは30代の頃からの友人で、その縁もあって住宅の増築の設計を任された。

　いずれのオーナーも関西の経済人特有の自由な心と合理的精神をもっておられ、仕事を通してそのおおらかな人柄に触れていると、大阪で仕事を続けた辰野金吾の気持ちを少し理解できるように思えるのである。

*3　帝国大学工科大学学長を務め、日本建築界の礎を築いた建築家。日本銀行本店、東京駅などを設計した。写真：国立国会図書館所蔵。

Keyword
#13

Midosuji

御堂筋

「1937（昭和12）年5月
大阪市中心部を南北に貫く大通りが完成した。
公に土地を提供した市民たちの意識の高さがなければ
実現しえなかった壮観な都市風景は、
多くの大阪人にとって心の原風景となっている」
— Tadao Ando

自分たちの街は自分たちでつくる

4列に並ぶ銀杏の街路樹は御堂筋ならではの風景。秋には紅葉が美しい。写真：朝日新聞社提供。

Keyword #13

住人たちの大阪への愛情から生まれた道

現在の御堂筋あたりはかつて、長さ1,300メートル、幅6メートルほどの、短く狭い道だった。そんな道を現在のような大通りにつくりかえたのは大正時代、1923（大正12）年に大阪市長に就任した関一の都市計画と、その思いに応えた大阪を愛する人たちだった。

御堂筋の拡幅・拡張工事が始まったのは1926（大正15）年。長さを約3倍、幅を約7倍に広げ、さらにはその下に地下鉄を走らせるという大がかりな計画だった。そこで問題になったのが、通りの両側に隙間なく並ぶ建物。計画のためには、とにかく立ち退いてもらう必要があった。だが工費の大半を住民の立ち退き料にあてることになると、肝心の工事にかかる費用をまかなえなくなる。そこで、関市長が考え出したのが受益者負担制度だった。御堂筋が長く広くなることで、沿道の商家にもたらされるであろう利益を計算し、その額に応じた税金を前もって市民に納めてもらうことで、工費をまかなおうとしたのだ。当然、市民は猛反発をした。

↑1952年頃の大阪市役所庁舎と御堂筋。写真：朝日新聞社提供。

このままでは計画倒れになってしまうかと思われたが、関市長はあきらめなかった。御堂筋の拡幅が大阪にとってどれだけ有意義なことであるかを市民に訴え続けた。その思いに、住民たちの大阪への愛情が呼応した。「大阪のためになるなら」と立ち退きに応じたのである。

現在、左右に約900本の銀杏が整然と並ぶ御堂筋の北側には、「うめきた（大阪駅北地区）開発プロジェクト」によってもう一つのシンボルストリートも生まれつつある。2013（平成25）年春には先行開発区域（グランドフロント大阪）がオープン。続く2期開発完成時には、エリア中央に長さ約370メートル、左右合わせて6列の銀杏並木が並ぶストリートが登場する計画だという。その南端には安藤がデザイン監修を手がけた駅前広場がつながる。御堂筋の誕生に始まった大都市大阪。その未来もまた、銀杏並木のストリートからつくられるのである。

Umekita
(Osaka Station North District) Development Area Project

↑安藤が2009年に提案した2期開発エリア緑地公園のイメージCG。

→"うめきた"を貫く6列の銀杏並木のストリートと駅前広場のイメージCG。広場は、地階につながる水底の上に楕円の床が浮かぶダイナミックな空間。

↓銀杏並木による都市軸線が開発エリアを貫く。

うめきた（大阪駅北地区）開発プロジェクト

関西の発展に関わる重要プロジェクトとして官民連携のもと、まちづくりが進められている。2013年春、先行開発区域がオープンする。

Chapter 1 / Osaka

Keyword
#14

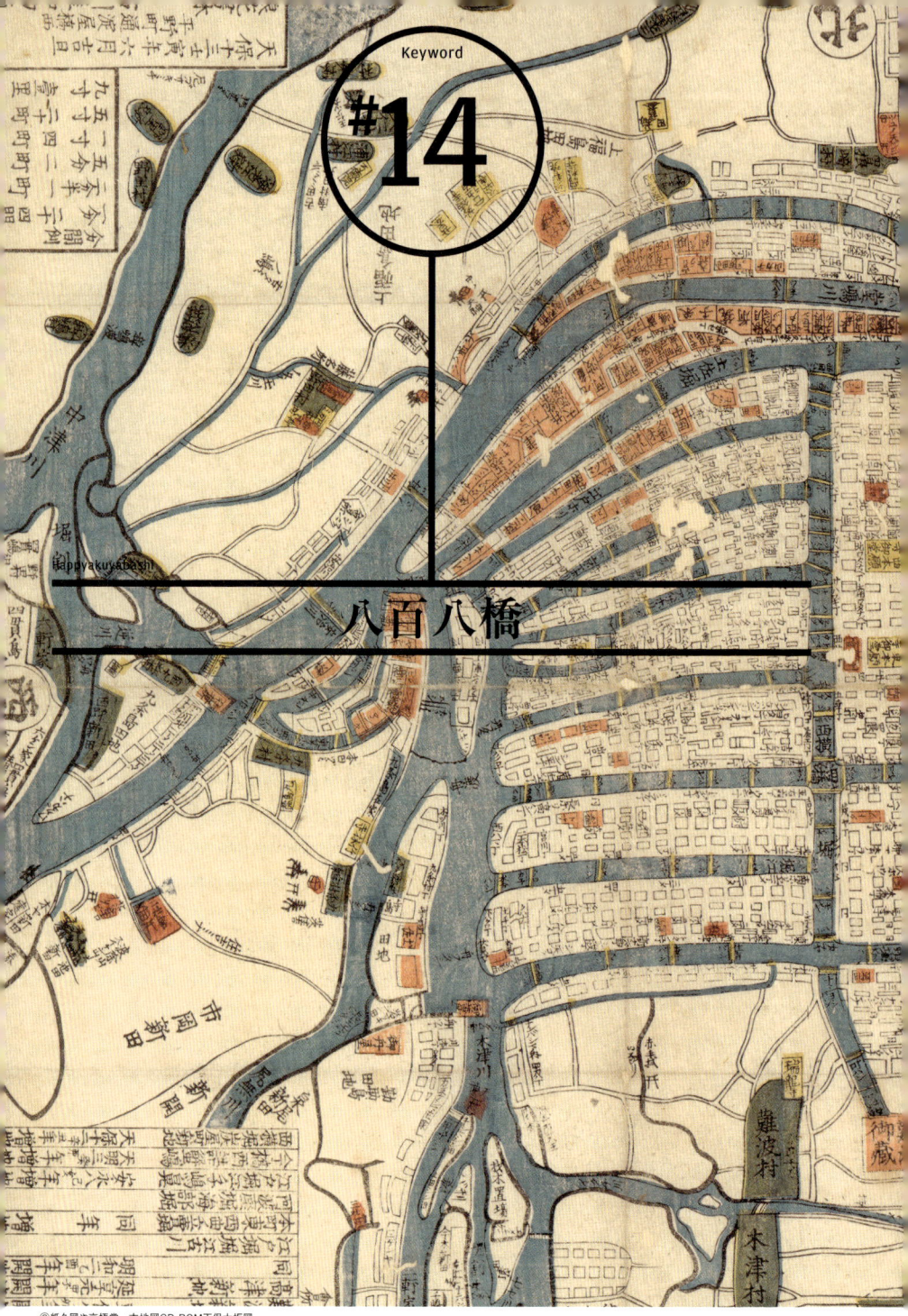

八百八橋
happyakuyabashi

© 紙久図や京極堂　古地図CD-ROM天保大坂図

江戸・天保期

『天保大坂図』。多くの橋が架けられていることが分かる。現存しない川も含まれる。

86　Chapter 1 / Osaka

橋は町人としてのプライドの証

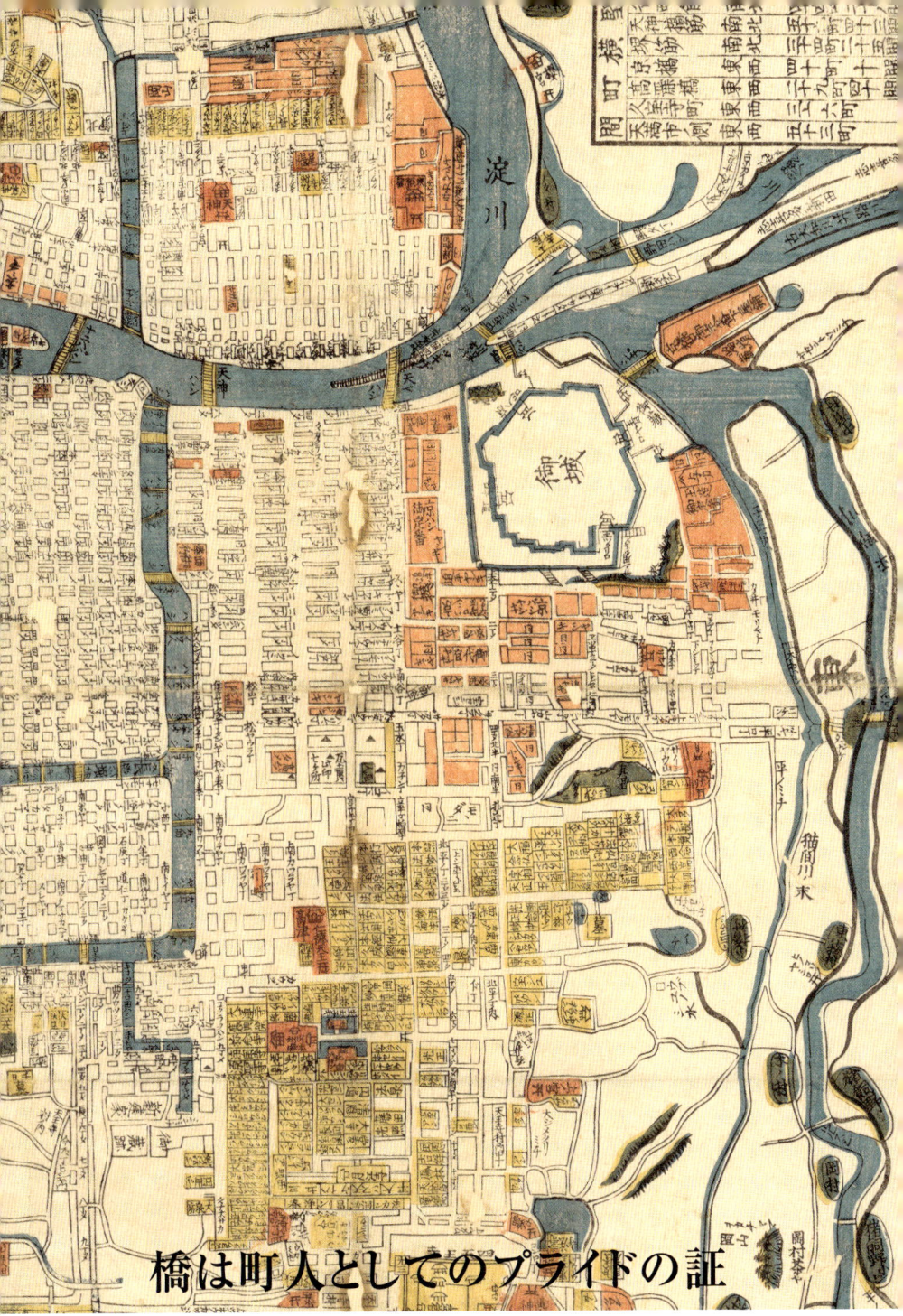

「古くは"水の都"と呼ばれた大阪では江戸時代、
町人たちは自分たちで橋を架けた。
自ら架けた橋がずらりと並ぶその姿は
"浪華の八百八橋"と謳われた」
—— Tadao Ando

難波橋
Naniwa-Bashi Bridge

1918年刊行『日本名勝旧蹟産業写真集』より。パリ、セーヌ川のヌフ橋を参考にしている。写真：国立国会図書館所蔵。

Keyword #14

自分たちで架けた橋への愛着は強く、そしてぶかい

　江戸時代、"浪華（なにわ）の八百八橋"と謳われた大阪だが、実際には200程度の橋が架けられているのみだった。数だけでいえば、江戸のほうが橋は多かったともいわれる。それなのになぜ、橋が大阪のシンボルとなったのかというと、それらの橋を架けた人物が鍵をにぎっている。

　江戸にある橋の半数は幕府によって架けられた公儀橋だったのに対し、大阪にある公儀橋は12橋のみ。そのうち"浪華の三大橋"と呼ばれたのが天神橋、天満橋、難波橋だった。現在、難波橋の四隅にはライオンの像があることから、ライオン橋の名で親しまれている。

　そして、公儀橋以外の橋はといえば、豪商の淀屋が架けた淀屋橋をはじめ、そこに住む町人たちが架けた町橋だった。町橋を架けるには自腹を切るしかない。それでも生活や商売のためには架けざるをえなかった。浮世絵の画題や浄瑠璃の題目として橋が取り上げられているほか、橋を相撲の番付に見立てて紹介した『浪華橋々繁栄見立相撲』なるものまであることからも、自分たちで架けた橋に対する大阪町人の愛着はさぞ強かったであろうことが分かる。"浪華の八百八橋"には、橋に対する大阪人の思いの強さが込められているのだ。

　明治に入り、多くの橋が木橋から鉄橋へと姿を変えた。2009（平成21）年の時点で市が管理する橋の数は764橋、国や府などが管理する数と合わせると、文字通り808橋以上が架かっている。昭和30～40年代にかけては1,500を数えたこともあったという。川に架かる橋がその姿や数、場所を変えても、大阪にとって橋は、豊かな経済力と公的精神をもつ町人としてのプライドの証であり続ける。

天満橋
Tenma-Bashi Bridge

1900年刊行『日本之名勝』より。1885年の大洪水以降、鉄橋に姿を変えた。写真：国立国会図書館所蔵。

大正橋
Taisho-Bashi Bridge

1915年頃。木津川に架けられた、日本一の支間長をもつアーチ橋だった。写真：大阪市建設局提供。

天神橋
Tenjin-Bashi Bridge

1899年刊行『旅の家つと23号』より。1888年に鋼製のトラス橋に架け替えられた。写真：国立国会図書館所蔵。

淀屋橋
Yodoya-Bashi Bridge

1935年頃。土佐堀川に架かる橋で、意匠は1924年に大阪市によって公募された。写真：大阪市建設局提供。

寄り添うように並ぶ二つの銀橋

「私は小さい頃から淀川で遊びまわり、水の音を聞いて育った。川に数多く架かる橋の中でも、祖父と一緒に写る数少ない写真の1枚を撮った銀橋には特別な思いがある」
—— Tadao Ando

Keyword #15

column

桜宮橋と新桜宮橋

武田五一 / Goichi Takeda / 1872-1938
アール・ヌーヴォーなどの新建築を日本に紹介した広島県出身の建築家。大阪では肥後橋や渡辺橋なども設計した。写真：京都大学大学文書館提供。

　1930（昭和5）年、大阪市の第1次都市計画事業によって大川（旧淀川）に架けられた桜宮橋。大阪市北区と都島区を結ぶこの橋は、全体が銀色に塗られていることから銀橋の名で親しまれている。設計を手がけたのは、関西建築界の父とも称される武田五一。当時としては破格の総工費をかけて生まれた桜宮橋は、戦前では日本最大のアーチ橋だった。

←1930年完成の桜宮橋。名は桜の名所である大川沿いの神社に由来する。写真：大阪市都市工学情報センター提供。

Chapter 1 / Osaka

安藤が監修した「新桜宮橋」。桜宮橋の形を現代の技術でなぞった。ボルトによる連結を行わない全断面現場溶接は国内初。

Photo: Shigeo Ogawa

↓安藤を育てた母方の祖父・安藤彦一と幼き日の安藤。彦一は安藤が小学校に入学してすぐ他界した。

　2006（平成18）年には橋の補修工事と国道の拡張のため、桜宮橋の北側に安藤監修による「新桜宮橋」が架けられた。小さい頃から大川を流れる水の音を聞いて育った者にとって、川の流れとそこに架かる橋は原風景として心に刻まれている。さらに安藤にとって銀橋は思い出の橋である。育ての親である祖父・安藤彦一と一緒に撮った数少ない写真の1枚は、銀橋の下で撮ったものだった。
　そんな思い出の橋と並ぶ「新桜宮橋」のプロポーションを、安藤は桜宮橋とそろえた。親子が寄り添うようにして並ぶ新旧二つの橋は、今までも、そしてこれからも大阪人の原風景であり続ける。

Photo: Shigeo Ogawa

Shinsakuranomiya-Bashi Bridge
新桜宮橋
- 所在地　　大阪市北区天満橋1丁目〜
　　　　　都島区中野町1丁目
- 竣工　　　2006年12月
- 型式　　　ローゼアーチ（橋長150m）

Chapter 1 / Osaka

> 私を育てた祖母は男勝りの人で、
> 上方の合理的精神と自立心にあふれる
> 明治の女だった
> —— Tadao Ando

Takao Kitayama

1943年
1941年、安藤は一卵性双生児の兄として生まれた。弟は北山創造研究所（都市コンサルタント業、商品デザイン業）主宰の北山孝雄。

大阪商人と

第1章　　　大阪　　　第2部

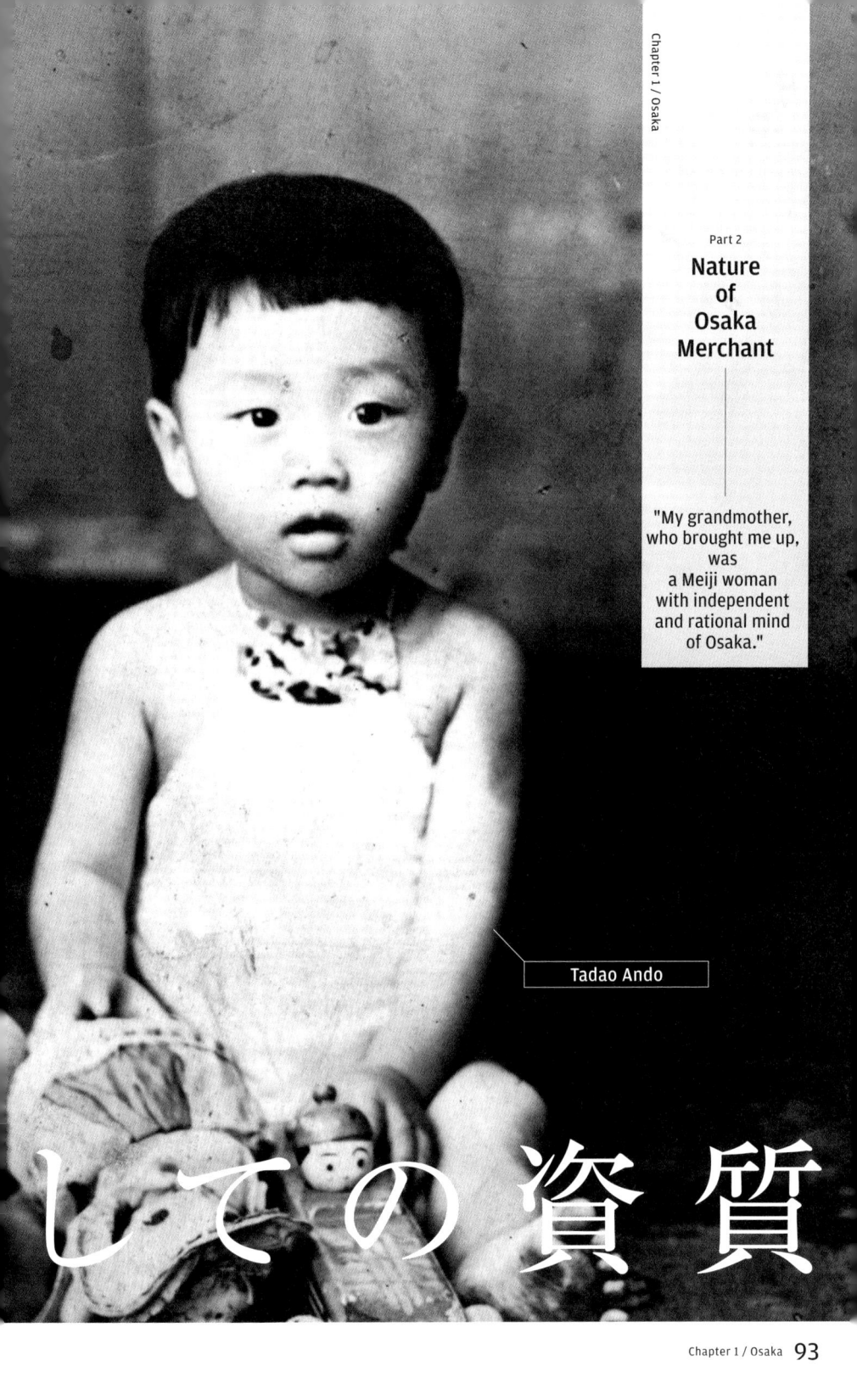

Chapter 1 / Osaka

Part 2
Nature of Osaka Merchant

"My grandmother, who brought me up, was a Meiji woman with independent and rational mind of Osaka."

Tadao Ando

しての資質

第2部　大阪商人としての資質

谷

崎潤一郎の『細雪』には、阪神間モダニズム時代の生活文化と、戦前までの大阪の経済発展と崩壊の過程が描かれている。いわゆる丁稚や番頭といった上方特有の商家の文化は、第2次世界大戦を境に姿を消すが、この街は今も商都としての名残を色濃く留めている。

私は1941（昭和16）年、日本が太平洋戦争に突入する3か月前に大阪市に生まれた。一人娘の母を嫁がせたため、生まれる前からの約束で私は祖父母の家の養子になった。小学校に上がって間もなく祖父が他界したため、私にとっての育ての親は祖母の安藤キクエ[*1]である。男勝りの人で、上方の合理的精神と自立心にあふれる明治の女だった。日用品を商うささやかな商売を手がけ、つねに忙しくしていた。小言はあまりいわなかったが、「嘘をいうな」、「約束を守れ」、「人に迷惑はかけるな」と、口うるさくいわれた。

大阪商人らしく、自由な気風を好んだ祖母は子どもに対しても自分で考え、決めて、自分の責任で行動する独立心を求めた。祖母との生活は、彼女が76歳で亡くなるまで続いた。一般的とはいえない家庭環境だったが、それを不満に思ったことは一度もない。彼女の教えてくれた生き方が、今も私の社会感覚の基盤をなしている。お金に厳しく合理的でせっかちだが、いざという時は豪胆できっぷがいい——最近では見ることも少なくなったが、この祖母のような典型的な大阪人の気質のルーツはどこにあるのか。

> 気持ちのよい
> 割り切りと懐の深さ、
> そして勇気が
> 大阪を支えてきた

大阪には幕末から、志高い若者を育てる教育機関があった。その一つに、緒方洪庵[*2]が開いた適塾（洪庵塾）[*3]がある。福沢諭吉や、近代陸軍の創始者・大村益次郎ら錚々たる人士を生んだ学校だ。塾生だけで636人、学んだ人は約3,000人もいたという。学ぶのは蘭学で、すべてオランダ語で学ぶ。しかし、学校には蘭和辞書が1冊しかない。この1冊をみんなが写しながら勉強したというのだから、当時の塾生の学問に対する執念が偲ばれる。その後、時流の求めはオランダ語から英語へと変わり、塾生たちはすぐに頭を切り替え、英語を習得する。その鋭い感性には驚かされる。当時の若者たちは一人ひとりが、どう生きるかということを自分自身に厳しく問うているから決断力があった。この適塾を前身の一つとしているのが現在の大阪大学だ。大阪大学は、設立当初は半官半民で、半分は大阪の経済界がお金を出している。こん

---

*1　安藤の祖母。愛情深い一方、しつけには厳しく、独立心を育てるために幼少時代の安藤が扁桃腺の手術を受けた時も一人で病院に行かせたというエピソードがある。

*2　1810-1863。備中足守藩士の三男に生まれ、大阪で開業した医師、蘭学者。日本最初の病理学書『病学通論』を著した。天然痘治療に貢献し、日本の近代医学の祖といわれる。

*3　1838年、緒方洪庵が大阪に開いた塾。幕末から明治維新にかけ、日本の近代化に貢献した多くの人材が輩出した。塾生に福沢諭吉、大鳥圭介などがいる。

文／安藤忠雄

な例は旧帝国大学の中ではほかにない。その頃の大阪人たちには、自分たちがどう生きるべきかを自分たちで判断する力があった。自分たちの大学は自分たちでつくるんだというその気概はいかにも大阪人らしく、清々しい。

　こういった古き良き大阪人の気質を受け継いだ、関西の自由で豪胆な経営者たちとの出会いから、私は多くを学んできた。なかでも、サントリーの佐治敬三(さじけいぞう)さんとの楽しい思い出は語り尽くせない。出会ったのは1972(昭和47)年。「人間、前を向いて生きていることが一番大切」、「ぶつかってもいいからとにかく自由にやれ」——等々と、教わったことは数えきれない。佐治さんは私のことは何も聞かず、ただ「人間として面白そうだから」という理由であちこち連れて行ってくださった。お会いしてから10数年たった頃、「お前、建築家らしいな」という。「知らなかったのですか」と問い返すと、「いちいち学歴や職業を聞いておれん。一所懸命生きとるかどうか、それだけや」といわれた。

　佐治さんからはその後、天保山の「サントリーミュージアム」の設計を依頼された。同じ頃、アサヒビールの樋口廣太郎(ひぐちひろたろう)さんからも美術館の依頼を受けていた。両社はともに関西発祥の典型的なライバル会社だが、同時に引き受けることに対して嫌な顔一つせず「思い切ってやれ」といってくださった。この気持ちのよい割り切りと懐の深さ、そして勇気が大阪を支えてきたのだと実感した。#17

　樋口さんの依頼は、大山崎山荘の保存・改修と美術館としての再生計画だった。1991(平成3)年のことだ。大山崎山荘は関西の実業家・加賀正太郎(がしょうたろう)*4が大正から昭和の初めにかけて完成させた洋館だったが、昭和の終わりには建物の傷みも激しくなっていた。平成の初め頃に大規模開発が計画されるなか、地元住民の強い反対運動もあって、アサヒビールが京都府に協力し、山荘を修復・保存して美術館として再生することが決まり、私も計画に加わった。2009年には、隣接する京都府の敷地にさらなる増築を計画することになり、前回同様、可能なかぎり景観に溶け込むようにと考えた。桜や紅葉の美しい庭園を中心とした周囲の景観や、歴史的な遺産も取り込んだ環境美術館として、施設全体がよりいっそう魅力的になったのではないかと思う。

Text by Tadao Ando

Kikue Ando
1901-1977　*1

#16

*4　1888-1954。大阪の実業家。加賀証券の社長を務めたほか、不動産業など多数の会社を経営し、大日本果汁(現・ニッカウヰスキー)の創業にも参画した。写真：加賀高之氏提供。

Chapter 1 / Osaka　95

Keyword
#16

「"ぶつかってもいいから
とにかく自由にやれ"
佐治さんはそういって
経験のない私を激励した」
—— Tadao Ando

Suntory Museum & Plaza
サントリーミュージアム［天保山］

都市空間に海との交流を取り戻す

Suntory Museum & Plaza

サントリーミュージアム[天保山]

- 所在地　大阪市港区海岸通1-5-10
- 竣工　　1994年8月
- 延床面積　13,804.1㎡（ミュージアム）、2,696.6㎡（広場）

＊同ミュージアムは2010年12月末に閉館

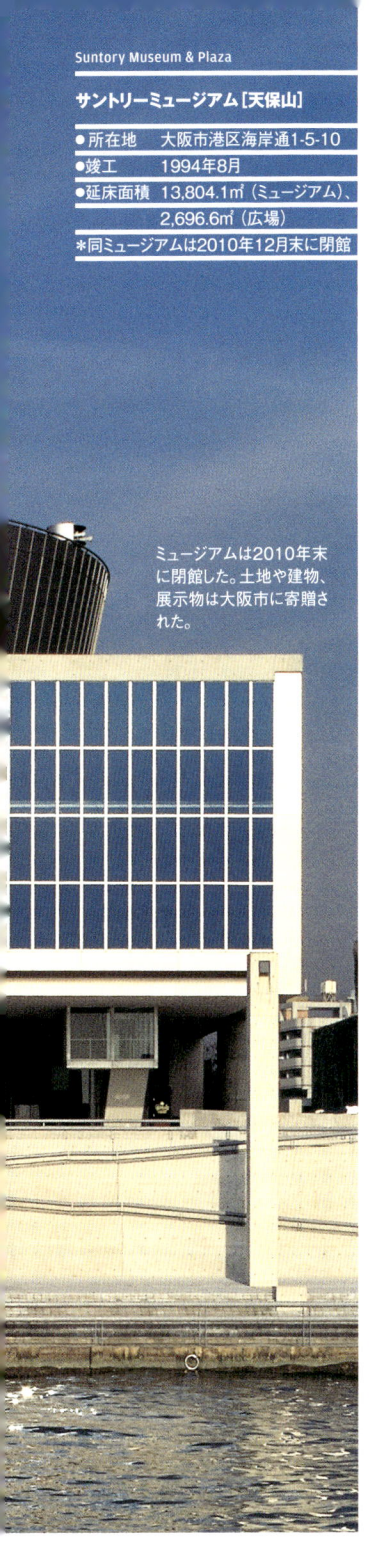

ミュージアムは2010年末に閉館した。土地や建物、展示物は大阪市に寄贈された。

境界を超えて構想された象徴的な水際建築

　1989（平成元）年、サントリー創業90周年に際し、同社元取締役会長の佐治敬三が安藤に設計を依頼した。場所は大阪市南港の天保山（てんぽうざん）。ウォーターフロント開発が進められていた天保山ハーバービレッジの仕上げとしての依頼だった。それまでおもに住宅を手がけてきた安藤にとって、公共施設の設計に進出するきっかけとなった作品である。

　南港の海岸に、ガラス張りの逆円錐型のシリンダーが海面からの光を浴びて堂々と直立する。それを軸に、2本の直方体が角度とレベルを違えて海に突き出す。雄大な海と対峙しても引けをとらない、インパクトとスケール感のある強さをもった建築が、新しい天保山の誕生を印象づけた。逆円錐型のシリンダーは、ミュージアムのメインとなる球形の3Dシアターを内包。直方体部分にギャラリー空間を配置し、ガラス面から刻々と表情を変える空や海の風景を取り込んでいる。

　ミュージアムそのものだけでなく、安藤はここで与えられた敷地を越えて、建築から海へと至るウォーターフロントの再編を試みた。美術館から階段とスロープで海へ向かう道筋をつくり、幅100メートル、奥行き40メートルの親水広場「マーメイド広場」を設けたのだ。穏やかな海を眺める広場の景観に、水際に立つ5本のコンクリート柱がアクセントを添える。柱から海を眺めると、数十メートル先の堤防の上に、5本の柱の影がのびる。大阪市が管理する護岸と、国が管理する海上をも取り込んで構想された建築だ。実現には、行政との折衝をはじめ、防災上のさまざまな規制をクリアする困難なプロセスを乗り越える必要があったことはいうまでもない。

佐治敬三
Keizo Saji
1919-1999。文化振興にも力を尽くした。安藤のよき理解者の一人だった。

Keyword
#17

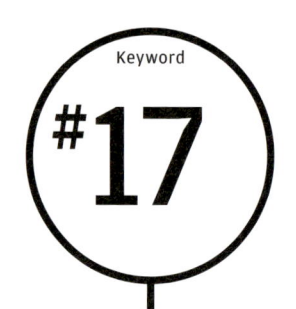

Asahi Beer Oyamazaki Villa Museum
アサヒビール大山崎山荘美術館

> 「樋口さんはある日突然、
> 一人で私の事務所にやってきた。
> 中之島の再生案を気に入ったという理由で
> 面識のない私に依頼したのがこの美術館だった」
> —— Tadao Ando

緑の景観とガラスの回廊が新旧の建築をつなぐ

大正から昭和初期にかけてつくられた、実業家である加賀正太郎のイギリス・チューダー様式の洋館を修復し、新たに安藤の設計による地中館を増設。敷地は天王山の中腹にあり、木津川、桂川、宇治川が合流して淀川となる雄大な景観を望む場所にある。

地中館を設計するにあたり、安藤はつくり手の思いが刻まれた本館を生かしつつ、新旧がたがいに刺激し合うような建築を構想している。景観を壊さないよう、新館の半分以上を地中に埋めて高さを抑え、円筒型のミニマルで簡素な造形とした。本館との間は象徴的なスリット状通路で結ばれる。山荘を必ず通るアプローチが、対比的な新旧の建築を無理なく連続させている。

円筒型のギャラリーに飾られるのは、クロード・モネの《睡蓮》だ。安藤はこの地中館を"地中の宝石箱"と位置づけた。これが、同じくモネの《睡蓮》を飾る直島の「地中美術館」の構想へとつながっていく。2011(平成23)年には、旧館を挟んだ反対側に同様のコンセプトで増築棟も完成している。

#34

↑徹底的に簡素化された直方体の階段室と円筒型の展示室が第1期の新築部分。展示室へは山荘を通って行く。

樋口廣太郎
Hirotaro Higuchi
1926-2012。住友銀行の副頭取を経てアサヒビール社長となり、同社の奇跡の復活を成し遂げた経営者として知られる。写真:アサヒビール提供。

英国風山荘と融合する"地中の宝石箱"

→山荘から新展示室へとつながる階段室。ガラス窓から緑の風景が入り込む。

Asahi Beer
Oyamazaki Villa
Museum

アサヒビール大山崎山荘美術館

- 所在地　　京都府乙訓郡大山崎町銭原5-3
- 竣工　　　1995年7月(I期)、
　　　　　　2011年12月(II期)
- 延床面積　1,463.9㎡
- 電話　　　075-957-3123
- 入館料　　900円
- 開館時間　10〜17時(最終入館16時30分)
- 休館日　　月曜日(祝日の場合は翌日休)

Photos: Mitsuo Matsuoka

近つ飛鳥博物館
Chikatsu-Asuka Historical Museum

階段の上にそびえる「黄泉の塔」は、単なる美術館にとどまらない"時空を超えた黄泉の国"をイメージしている。
Photo: Shinkenchiku-sha

建築で環

| 第1章 | 大阪 | 第3部 |

Chapter 1 / Osaka

狭山池博物館
Sayamaike Historical Museum

滝が流れる水庭を通って博物館へと入る。日本の治水の歩みをたどる、壮大な歴史の世界へと誘う劇的なアプローチ。
Photo: Mitsuo Matsuoka

Part 3
Architecture and Environment

"Architecture for the public is not finished simply by being built."

公共建築は
建物が完成したら
終わりというわけではない
—— Tadao Ando

境をつくる

—— 近つ飛鳥博物館と狭山池博物館

Chapter 1 / Osaka　101

第3部　建築で環境をつくる

公 #18

　共の仕事として、大阪では二つの博物館の設計に関わった。「近つ飛鳥博物館」には、自分の拠って立つ地域の場所性、歴史性をあらためて考えさせられた。『古事記』に記載のあるように、奈良の飛鳥と区別して、古代難波宮から近くの飛鳥ということで名付けられた"近つ飛鳥"の地に1978（昭和53）年、藤井寺における大修羅の出土をきっかけに、古墳時代を伝える博物館として企画されたものだ。敷地周辺には300ほどの古墳が点在し、近くには有名な仁徳天皇陵があるという、地域そのものが古代からの歴史が刻まれた博物館のようなところである。*1

　計画にあたってまず私の頭に浮かんだのは、単に陳列された展示物を眺めるだけではない、環境そのものを対象とした建築のあり方だった。豊かな歴史を身体で感じ取れるような場所そのものをつくりたいと考えた。その結果、谷間にある敷地に、劇場のような階段広場を屋根とした現代の古墳をつくり、博物館機能をすべてこの中に収めるというコンセプトが生まれた。

> 人々の地域への
> 愛情と熱意が
> 博物館の表情を
> 変えていく

　こうして完成した博物館は、地形に埋め込むようにつくられた建物の屋上をすべて階段広場として開放し、歴史が刻まれた風景との対話を主題とする、環境体験型の施設となっている。階段を上ると、そのそばにある墳墓とともに、周囲に広がる豊かな自然を一望でき、初春の頃には梅林が、初夏には新緑が、秋には紅葉がその風景を彩る。眼下には池が広がり、四季の移ろいを水面に映す。また階段に覆われた博物館内部には、墳墓内さながらの地下の闇を思わせる、物語性に富んだ展示空間が収められている。ここでは建築は、人と歴史と、その歴史が刻まれてきた場所との対話を促す装置であり、多様な価値が蓄積した環境を形成する一つの部分ととらえている。

　また「近つ飛鳥博物館」では、建築計画だけにとどまらず、地元住民によるボランティア活動によって、周辺に梅の木を植える運動を続けている。近つ飛鳥梅いっぱい委員会と名付けられたこの活動は現在も続いており、博物館の周りはすっかり緑に埋めつくされ、シーズンになるとあたり一面は梅の花が咲き誇る名所となっている。

　一方の「狭山池博物館」が位置する狭山池は南河内地方にあり、日本最古で最大 #19

*1　5世紀前半の天皇、仁徳天皇の陵墓。正式には大仙陵古墳という。かつて"近つ飛鳥"と呼ばれ、大仙陵古墳を中心とした百舌鳥古墳群を擁する大阪南部は、日本有数の古墳エリアである。

文／安藤忠雄

級（外周約3キロ）の灌漑用池である。もともと同地方は水源に乏しく農作物が育ちにくかったため、地元で難民救済や開墾事業などを行っていた奈良時代の僧、行基[*2]が中心となり、地元民によって整備されたものといわれている。行基のこの偉大な業績は、以来1,300年にわたって受け継がれ、改修が重ねられた結果、府内でも有数の水源となった。

1988（昭和63）年に着工した"平成の大改修"にあたり、そこに刻まれた土木技術の歴史を物語る貴重な遺構の数々を保存・展示するために博物館がつくられることになり、その設計を私は依頼された。設計にあたり、周辺地域の歴史を振り返り、その歩みに参加することから始めようと考えた。

狭山池はかつて、"狭山の春霞"と謳われるほど美しい桜の名所だったこともあり、池の改修工事中、名所復活のため、堤に桜を植樹するための寄付が呼びかけられていた。私もこの活動に賛同し、ここでも博物館の完成後、定期的に講演会を行い、寄付金集めに協力している。"近つ飛鳥の梅"に対し、"狭山の桜"というわけだ。10年前には約1,000本の桜が植えられていたが、以降も毎年40〜50本ずつ植樹が続けられている。

また、2001（平成13）年の開館後、狭山池周辺で蝶を育てている人がいるらしいとの噂を耳にした。詳しく聞いてみると、蝶が好きだという地元のボランティアリーダー・武田博充（ひろみつ）さんが中心となって、2006年に蝶の森をつくったという。蝶の森は狭山池の一角に設けられ、蝶や幼虫のための植物が育てられている。ボランティアの皆さんが毎日、蝶を育てるための植物の手入れをし、外部の人による蝶の採集を防いでいるという。驚くほどの熱意だが、その甲斐あって、今では全国でも有数のバタフライガーデン[*3]となっている。

桜に蝶々——ボランティアの輪は年々広がっている。その取り組みによって、狭山池は毎年新しい風景になっていく。このことは、地域の人々の池に対する愛情の深さを、なによりも如実に物語っている。そして人々の思いは、次の世代へと受け継がれていく。狭山池はこれからも地域の愛情に支えられながら、つねに変化し続けるその豊かな表情で人々を楽しませることだろう。

Text by Tadao Ando

Gyoki
668-749   *2

*2　仏法を説きながら治水や架橋など社会事業に尽力した僧。左の写真は、狭山池から出土した、過去の修改築が層状に現れた堤体断面。博物館に移築展示されている。行基の写真：PIXTA提供。

*3　狭山池バタフライガーデン。狭山池さくら満開委員会によって狭山池公園内につくられた庭。園内では1年を通してさまざまな蝶が舞う。

Chapter 1 / Osaka

Keyword
#18

Chikatsu-Asuka Historical Museum

近つ飛鳥博物館

古墳群エリアに現れた"平成の古墳"

「劇場のような階段広場を屋根とした
"平成の古墳"の内部には、
墳墓内さながらの地下の闇を思わせる、
物語性に富んだ展示空間が収められている」
—— Tadao Ando

緑豊かな谷間の地形に、周囲の自然と古墳を一望する隆起した丘をつくり上げた。

Photo: Mitsuo Matsuoka

2008年

Keyword #18

空へのびる外観と対照的に展示空間は地中へと広がる

"近つ飛鳥"とは、『古事記』に記載のある飛鳥時代の地名であり、現在の大阪府羽曳野市飛鳥を中心とした地域を指す。飛鳥と当時の水運の要衝・難波津をつなぐ官道にあたり、4基の天皇陵や聖徳太子の墓、小野妹子の墓をはじめ、200数十基の古墳群が存在する陵墓・古墳の宝庫となっている。対して、現在の奈良県高市郡明日香村飛鳥を中心とした地域は"遠つ飛鳥"と呼ばれていた。
「近つ飛鳥博物館」は、この"近つ飛鳥"の中核として、102基の古墳を保存する古墳公園、近つ飛鳥風土記の丘に開館した。出土品を展示するだけでなく、地域全体が野外博物館のような性格をもつ"近つ飛鳥"の特色を生かし、周辺の古墳群と一体となった文化施設とするのが目的だ。

1994年
↑竣工当時の外観。もともと梅林はあったが建物周辺は木がまばらだった。

↓地下の常設展示室。縮尺「1/150」仁徳天皇陵の復元模型を展示する。

Photo: Mitsuo Matsuoka

豊かな梅の花に彩られた博物館。植樹活動を通して、地域の人々に博物館に対する愛着が芽生える。

Photo: Mitsuo Matsuoka

Chikatsu-Asuka
Historical
Museum

近つ飛鳥博物館

- ●所在地
  大阪府南河内郡河南町東山299
- ●竣工　　　　1994年3月
- ●延床面積　　5,925.2㎡
- ●電話　　　　0721-93-8321
- ●入館料　　　300円
- ●開館時間
  10〜17時(最終入館16時30分)
- ●休館日
  月曜日(祝日の場合は翌日休)

　そこで安藤は、周囲を一望できるよう、窪地に位置する博物館全体を階段状に隆起させた。前方後円墳をかたどったコンクリートの建物は、安藤曰く、古墳と同じように空に向けたファサードをもつ"平成の古墳"である。階段の上部には「黄泉(よみ)の塔」がそびえ、塔の下は各種パフォーマンスや演劇祭、音楽祭などが行われる広場として利用されている。建物の周りには梅林や風土記の丘の散策路、豊かな水をたたえた池があり、四季折々の自然の風景がこの現代の壮大な古墳を彩る。

↓丘の上から望む梅林の様子をイメージしたスケッチ。

KeyWord
#19

狭山池博物館

Sayamaike Historical Museum

「地域の人々の愛情の深さによって
狭山池は毎年新しい風景になっていく。
そして人々の思いは、
次の世代へと受け継がれていく」
—— Tadao Ando

狭山池のほとりに建つ博物館は、かつて行基や重源らが改修した堤と一体となっている。2012年撮影。

壮大な
歴史の世界へと導く
ダイナミックな
空間演出

水上に浮かんでいるかのような博物館。狭山池と連続する水の空間を生み出した。

2010年

1999年

↓空を円形に切り抜くコート。内部のスロープで地上と地下を結んでいる。

Photo: Mitsuo Matsuoka

Keyword #19

桜吹雪の中、連綿たる時の流れを肌で感じる

「近つ飛鳥博物館」#18 から西に約10キロ。7世紀につくられた日本最古のため池、狭山池に隣接し、池を囲う堤をはじめ出土文化財の数々を展示する博物館だ。

堤は飛鳥時代につくられ、奈良時代の行基や鎌倉時代の重源、豊臣秀頼の命を受けた片桐且元らによってたびたび改修され、現在まで使われ続けてきたものである。その断面には古代からの改修の痕跡が重層構造となって残っている。

安藤が考えたのは、「近つ飛鳥博物館」と同様に、この貴重な歴史的価値をもつ狭山池堤と一体化した環境博物館という主題である。敷地が堤より15メートル低い位置にある

↑住民の植樹活動により、池の四周を美しい桜並木が巡る。環境が整備されて初めて完成される建築。
←道路側から見た竣工前の博物館。

狭山池博物館
Sayamaike Historical Museum

- 所在地　大阪府大阪狭山市池尻中2
- 竣工　2001年3月
- 延床面積　4,948.5㎡
- 電話　072-367-8891
- 入館料　無料
- 開館時間　10〜17時（最終入館16時30分）
- 休館日　月曜日（祝日の場合は翌日休）

　高低差を生かし、まず堤に連続した基壇部をつくり、建物の主要部分をすべてこの中に埋め込んだ。その結果、堤の展示棟と地下の展示室に光をもたらすガラス棟だけが地上に現れる。

　堤から展示室へと続くアプローチは、滝に挟まれた水庭となっている。流れ落ちる滝の音に浄化され、さらにその先の2層分の壁に囲われた円形のコート（中庭）へと導かれて、人々は現実から壮大な歴史の世界へと誘われる。箱型の堤の展示棟に入ると高さ15メートル、長さ60メートルに切り出された実際の堤の断面が展示されている。1,400年の昔から現在へと続く時の流れを肌で感じられる博物館だ。

　狭山池の周囲には、建物の竣工以降、地元住民の募金活動により、継続的に桜の植樹が行われている。東畔には同じ募金でつくられた、約30種の蝶が舞う狭山池バタフライガーデンがある。

| 第 1 章 | 大 阪 | 第 4 部 |

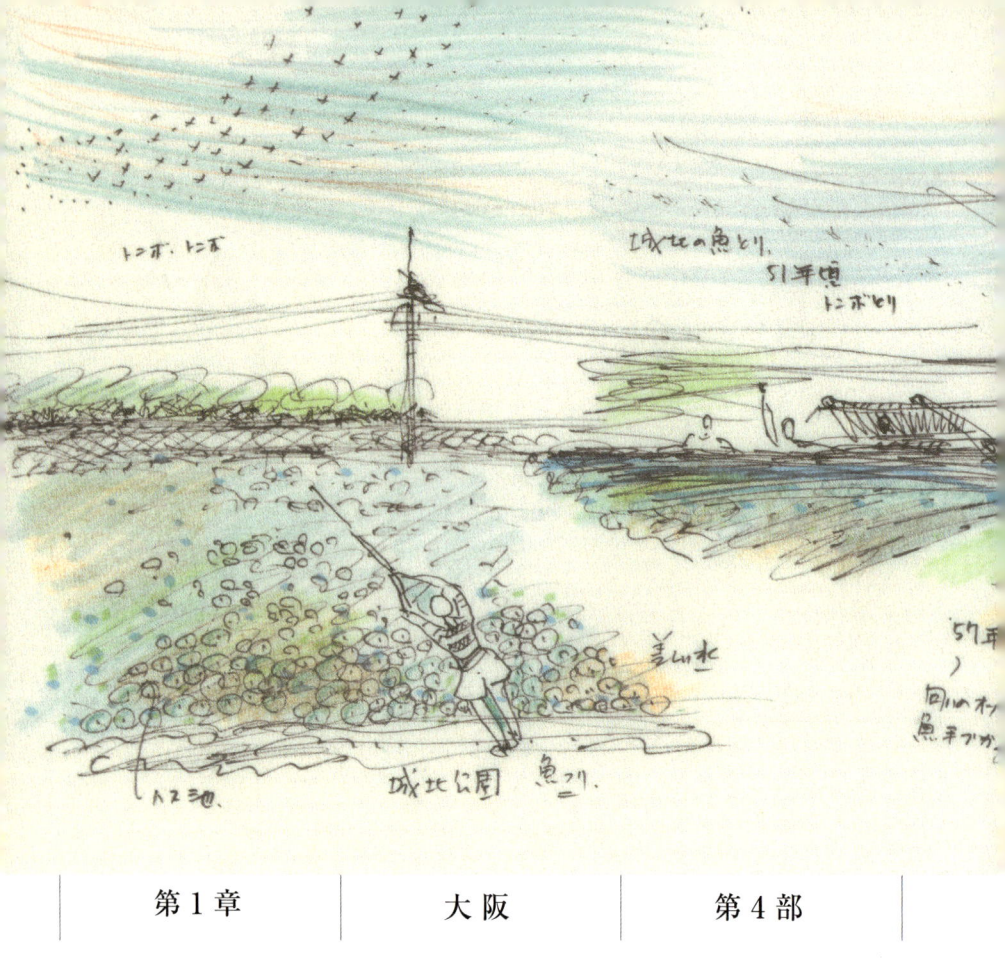

Chapter 1 / Osaka

Part 4
Living in Osaka

"Osaka and 'Osaka-jin'
brought me up
as an architect
despite my disadvantaged background.
I'm proud
I grew up in Osaka."

大阪に

↑安藤が幼少期の原風景を描いたスケッチ。川辺で魚とりやトンボとりをして遊びまわっていた。

> 独学で建築を学び、
> 学歴も社会的基盤もない
> 私を育ててくれたのは、
> 大阪の街と人だ。
> 私は大阪に生まれ育ったことに
> 誇りをもっている
> —— Tadao Ando

生きる

Chapter 1 / Osaka

第4部　大阪に生きる

大阪人は一般的に、お金に厳しいというイメージがある。ケチで、せっかちで、現実主義。しかし、自分が楽しいと思ったり、面白いと感じることに対しては大胆に使っていくという特徴的な一面もある。

2010（平成22）年、40年来の友人である桂三枝（現・六代 桂文枝）[*1]さんから、「上方落語協会会館」設計の依頼を受けた。寄席を中心とした落語の文化を復興させようという三枝さんの取り組みは、2006年にオープンした天満天神繁昌亭からスタートした。その繁昌亭からほど近い天満の地に計画された同会館は、上方落語を一つの文化としてしっかり受け継ぎ、次の時代に遺していくための重要な施設である。

落語は、一人の演者が手拭いと扇子という限られた小道具と自らの語りと動作、表情のみで、人々の日常と複雑な人間の喜怒哀楽を豊かに表現する世界に二つとない究極のパフォーマンスといえる。先日、三枝さんが六代 桂文枝を襲名された折、その式典に出席したが、各界からあまりに多くの人々が集まっていたのに驚いた。落語は、それだけ大阪の人々の心に深く根ざしている文化なのだと、あらためて思い知らされた。

> 先人たちから受け継いだ公的精神が密かに息づく

おたがいの職場が近いこともあって、前後に弟子を伴って街を歩く文枝さんの姿をよくお見かけする。文枝さんは、歩きながらいつも考えている。噺のネタを繰り出すと、自分がどこにいるか、どこを歩いているかも忘れてしまう。危なっかしくて一人では散歩もさせられない。だからお目付け役の弟子がぴったり付き添うのだという。文枝さんらしいユーモアのある話だが、そこからは人知れぬ噺家の努力もひしひしと伝わってくる。

落語家の発する言葉はときにふさぎこんだ人々の心の中にも瞬時に深く染み込み、明るく生きていく活力をもたせてくれる。現代社会は人々の心を孤独にする。そのばらばらになった人の心を落語が束ねるように、私もこの建築によってここに集う人々の心を一つにしたいと考えた。

[*1] 1943- 。大阪府堺市生まれ。2012年に六代 桂文枝を襲名。上方落語協会会長として落語文化の復興を目指している。

文／安藤忠雄

　ちなみに同会館の設計は無償で引き受けた。それは私の中で、大阪人特有の合理的精神が働いたからだ。設計料を受け取れば「暗い」とか「使いにくい」とか、何かにつけクレームが飛び交う。一方、ボランティアで取り組んだ仕事には、文句が出にくい。案の定、同会館への感想は「素晴らしい」、「面白い」と好意的なものばかりだった。

　1980年代以降、日本では猛烈な勢いで建築がつくられてきた。一方で、古い建築物は容赦なく取り壊されている。大阪でも、旧逓信省の中央郵便局をはじめとする、いくつかの重要な建築が今、取り壊しの危機に晒されている。中之島や御堂筋に面した数々の歴史的建築物が失われ、街並みから歴史が消えていくことを私は非常に残念に思う。

#13

Text by Tadao Ando

　古いものを大切にしつつ、新旧の要素の衝突を促して刺激的な空間を創造するという試みは、これまでもさまざまな計画で幾度となく挑戦してきた、私にとって重要なテーマでもある。

　大阪の古い文化や精神が失われていくことをことを誰よりも憂えていたのが、作家の司馬遼太郎さんだ。1996（平成8）年に亡くなられた司馬さんの記念館を設計することになり、その機会に司馬さんの自邸を見せていただいたが、圧倒されるような蔵書の量にただただ驚かされた。これだけの本を集め、読み、そしてそれを糧にして日本中を魅了する小説を書き続けた——そんな司馬さんの"知"に対する執念のようなものを私は感じた。

Ryotaro Shiba
1923-1996　　*2

　司馬さんは、人間に対する思いがとても豊かな人だった。同時に、日本人や日本の社会のありようについて誰よりも深く考え、その先行きを案じていた。しかしその言葉にはけっして絶望はなく、司馬さんはつねに暗闇の先に光を見ていた。「司馬遼太郎記念館」の計画で試みたのは、そのような司馬さんの精神世界の具現化だった。入り口から奥に行くにしたがって開口が制限され、メインの3層吹き抜けの空間には壁一杯に本棚を、その奥に白いステンドグラスを設けて、庭の緑を通して光が入るようにした。来館者

#21

*2　大阪市生まれ。小説家。『梟の城』、『竜馬がゆく』など独自の歴史観に基づく数々の名作を発表した。1993年、文化勲章受章。写真：司馬遼太郎記念財団提供。

に司馬さんの頭脳の中に入っていくような空間体験をしてもらおうという意図だ。またそれは同時に、人々に希望を与えてきた司馬さんの文学の世界そのものを表現する試みでもあった。

この「司馬遼太郎記念館」も、「上方落語協会会館」も、「アサヒビール大山崎山荘美術館」も、基本的には中之島の公会堂と同様、街と文化を思う、人々の純粋な心が集まってつくられたものだ。こうした施設が関西の文化を支えているという事実は、先人たちから受け継いだ公的精神がこの地に密かに息づいていることを象徴的に示している。

しかし、かつての大阪を象徴する気風は、今やすっかり失われてしまったかのように見える。現在の沈滞した大阪に至る最初の要因は、1970（昭和45）年、大阪万博（日本万国博覧会）の大成功にある。「失敗は成功の元」とはよくいうが、大いなる成功もまた、失敗へとつながる危険性を秘めている。万博の成功に、大阪は舞い上がってしまった。合理的精神は鳴りを潜め、公共事業や開発に後先考えずどんどんお金を使うようになった。後に残ったのは、莫大な借金と空虚な都市風景だ。大阪は今、転換の時期を迎えている。私たち市民も、これを一つの機運ととらえ、今一度、大阪人の公共心を総動員して、エネルギッシュな街として大阪を復興させるべきだ。

> 万博の成功に大阪は舞い上がってしまった

15年ほど前から海外や東京での仕事が増え、周囲からは「東京に事務所を移したら」とよくいわれるようになったが、そのつもりは毛頭ない。独学で建築を学び、学歴も社会的基盤もない私を育ててくれたのは、大阪の街と人である。一人の人間が発する強い思いに対しては、まったく縁がなくても必ず反応してくれる人がいるのが大阪という街なのだ。だから私は大阪に生まれ育ったことに誇りをもっている。多少の不便はあっても、最後まで大阪を拠点として、ここから日本全国へ、世界へと発信していきたい。そして、かつての勢いを失ってしまったこの街に、ふたたび元気を取り戻すためにできることがあれば、どんなことでも挑戦していきたいと考えている。

上方落語文化を継承し、未来へつなぐ拠点

> 「ボランティアで取り組んだ仕事には、文句が出にくい。案の定、出来上がってからの皆さんの感想は『素晴らしい』、『面白い』と、好意的なものばかりだった」
> —— Tadao Ando

Kamigata-Rakugo House
上方落語協会会館

Keyword #20

Photo: Shigeo Ogawa

Keyword #20

喜怒哀楽を
テーマに
落語の世界を
表現する

　六代 桂文枝との交友関係から、安藤が無償で設計を手がけた上方落語協会の本拠ビル。協会事務所が入るとともに、それまで天満天神繁昌亭周辺に分散していた稽古場や資料室などの機能がこの1か所にまとめられた。落語家の修練の場、また憩いの場として、上方落語を復興するための拠点にしたいという桂文枝の思いを形にしたものだ。

　建物は幅8メートル、奥行き12.5メートル、高さ12.5メートルのコンクリート3階建て。箱型の上部を三角形に斜めに切り取り、天窓と組み合わせることで、内部の吹き抜けを通して各フロアに自然光を取り入れている。上部の三角窓と対になるよう、道路際に切り取られた三角の開口部を入り口とした。壁の縦横に入れられた、上方落語の"上"の文字を表現したスリットが象徴的だ。

　安藤は「落語は短時間で人生を語るもの」であるという考えから、喜怒哀楽を設計のテーマとした。トップライトで天候や季節によって複雑に変化する光の表情を感じさせつつ、箱型の内部に1枚の壁を斜めに挿入することで、多彩な空間体験を可能にしている。演者の声と小道具だけで人生の機微を表現する落語の妙味を、安藤流に建築で表現したものだ。

　三角窓と天窓の組み合わせは、2010（平成22）年に山梨の清春芸術村に完成させた「光の美術館／クラーベ・ギャルリー」にも見ることができる。

↓内部吹き抜け。自然光が空間に複雑な表情を与える。

Photo: Shigeo Ogawa

Kamigata-Rakugo House

上方落語協会会館

●所在地
大阪府大阪市北区天満4-12-7
●竣工　　　2012年4月
●延床面積　263.5㎡

↓竣工を迎え、旧友である六代 桂文枝と握手を交わす安藤。大阪と落語文化復興のために無償で設計した。

Photo: Shigeo Ogawa

Museum of Light, Clavé Galerie

山梨県北杜市の清春芸術村につくられた美術館。スペインの画家アントニ・クラーベの作品を展示している。建物は直方体のコンクリートボックスに、上部一角を切り取った三角形の天窓と天井のスリットをもつ。ガラス越しに降り注ぐ自然光が作品に躍動感を与える。

光の美術館／クラーベ・ギャルリー
●所在地　山梨県北杜市長坂町中丸2072（清春芸術村）　●竣工　2010年10月　●延床面積　120.9㎡　●電話　0551-32-3737　●入館料　清春芸術村入場券1,000円　●開館時間　9時～日没　●休館日　月曜日（祝日の場合は翌日休）

三角窓と天窓に加え"上"の文字を表した前面のスリットからも自然光が差し込む。

Keyword
#21

Shiba Ryotaro Memorial Museum

司馬遼太郎記念館

「これだけの本を集め、読み、
そしてそれを糧にして小説を書き続けた
司馬さんの"知"に対する
執念のようなものを私は感じた」
—— Tadao Ando

吹き抜けの壁面に司馬遼太郎の蔵書のうち約2万冊が並ぶ。作家の脳内を表現した空間。

作家の人間性と深遠な創造力を表現した"もう一つの書斎"

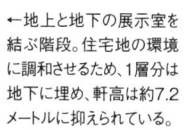

←地上と地下の展示室を結ぶ階段。住宅地の環境に調和させるため、1層分は地下に埋め、軒高は約7.2メートルに抑えられている。

←ガラススクリーンに囲われた回廊を通って展示室へ向かう。周囲は司馬遼太郎が愛した雑木林に覆われている。

→司馬邸の庭から見た記念館へのエントランス。アプローチの緩やかなカーブが来館者を作家の世界へと誘う。

Photos: Kaori Ichikawa

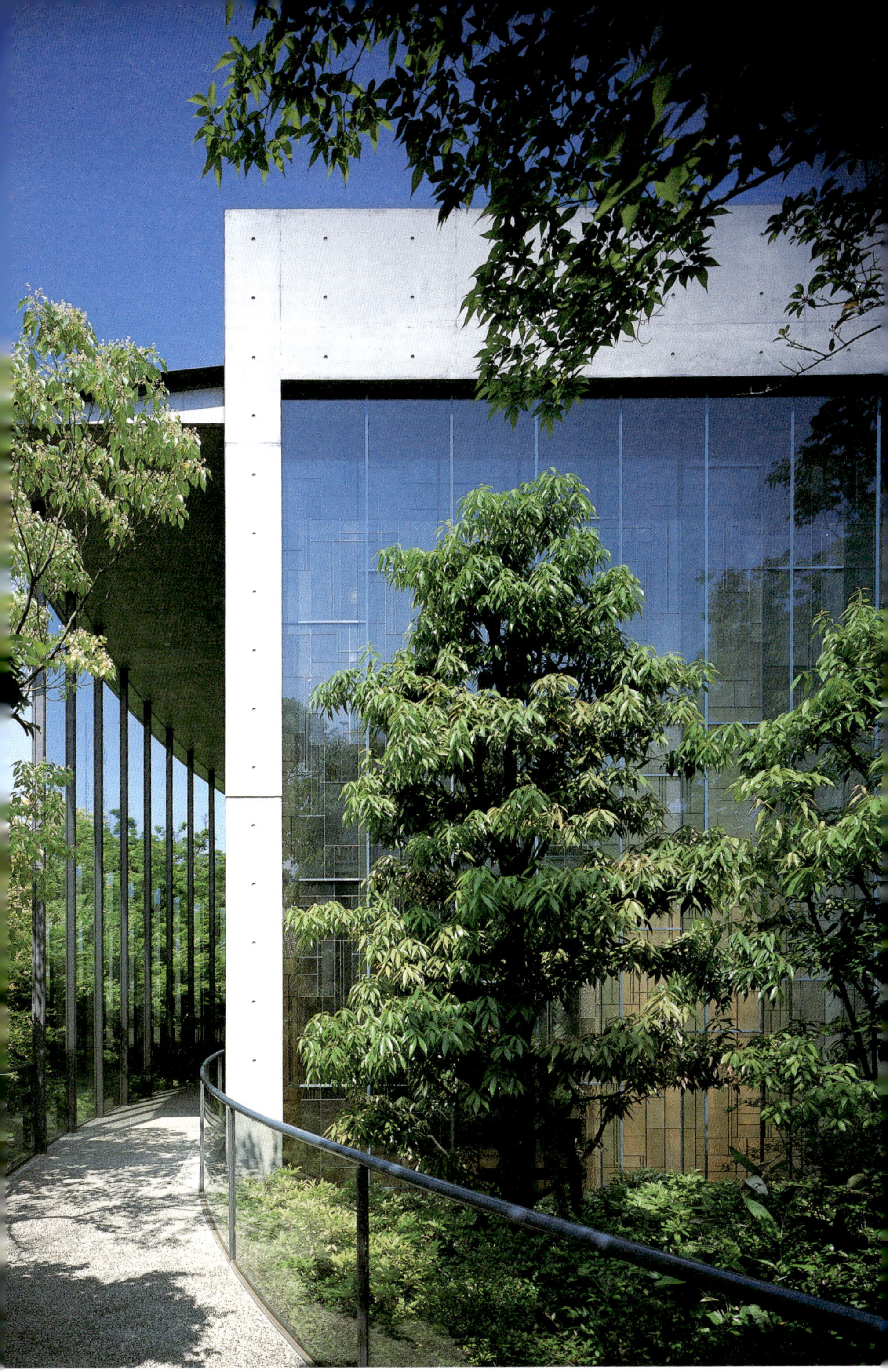

Keyword #21

2万冊の蔵書で司馬遼太郎の精神世界を具現化

　高さ11メートルの展示室の壁に並べられた2万冊の蔵書。作家が生涯をかけて創作活動に費やした情熱とエネルギーに圧倒される。

　1996(平成8)年に亡くなった日本を代表する作家・司馬遼太郎。彼は執筆の際に膨大な資料にあたることで知られ、自宅に遺された蔵書は約6万冊に及んだという。"もう一つの書斎"と名付けられた展示室は、安藤がこの本の山を前にして構想したものだ。

　敷地は閑静な住宅街にある作家の自宅に隣接する。3層吹き抜けの巨大な展示室を内包しつつ、周辺環境と調和させるため、1層を地下に埋め、軒高を2層分の約7.2メートルに抑えた。1階ロビーから地階の展示室へと導く階段には、さまざまな形状のガラスで構成されたステンドグラスがはめ込まれ、多彩な表情をもつ穏やかな光を展示室内に届けている。建物の奥に進むにつれ徐々に光が絞られていく設計とともに、作家の創造力の深遠に入り込んでいくかのような、静けさを湛えた陰影のある空間だ。

　司馬邸から記念館へは、司馬のかつての書斎の前を通り、緩やかなカーブのアプローチを抜けて行く。ガラスのアプローチは司馬が生前愛したという雑木の庭に囲まれている。自然を愛し、人と社会に対する深い愛情をもち続けた作家の人間性を、敷地全体で表現した建築である。

Shiba Ryotaro Memorial Museum

司馬遼太郎記念館

●所在地	大阪府東大阪市下小阪3-11-18
●竣工	2001年10月
●延床面積	997.1㎡
●電話	06-6726-3860
●入館料	500円
●開館時間	10〜17時(最終入館16時30分)
●休館日	月曜日(祝日の場合は翌日休)

←司馬遼太郎の人間性に近付くべく、雑木林にたたずむ記念館をイメージしたスケッチ。

Keyword #22

Japan World Exposition, Osaka, 1970

大阪万博

「万博の成功に、大阪は舞い上がってしまった。
成功の時こそ、しっかりと足元を見つめて、
次の一歩を熟慮しなければならない」
—— Tadao Ando

↑大阪万博のシンボル岡本太郎作「太陽の塔」。写真：日本万国博覧会記念機構提供。

高度成長真っただ中に大阪で開催された国家プロジェクト

世界初の万国博覧会が開催されたのは1851（嘉永4）年のロンドンだった。1928（昭和3）年にパリで締結された国際博覧会条約に日本が加盟したのは1965年のことである。そして同年、大阪で1970年に万博が開催されることが決まった。大阪のほかに兵庫、滋賀も候補に挙がったが、交通の利便性、環境などの理由から大阪北摂の千里丘陵が選ばれた。日本で初めて、そしてアジアで初めて開催される万博となれば、日本が国の威信をかけて成功を目指したのはいうまでもない。会場周辺では道路や地下鉄の建設といった大規模な開発が進められるなど、約5年をかけて準備された。

開催期間183日間の来場者数は6,000万人を超え、まさに日本中がお祭り騒ぎに沸いた。

日本万国博覧会の概要

●会期	1970年3月15日(日)-9月13日(日)の183日間
●テーマ	人類の進歩と調和（Progress and Harmony for Mankind）
●海外からの参加	76か国、4国際機関、1政庁（香港）、アメリカ3州、カナダ3州、アメリカ2都市、ドイツ1都市、2企業
●国内からの参加	32団体、展示館32館（日本政府、日本万国博覧会地方公共団体出展準備委員会、2公共企業体、28民間企業）
●入場者数	64,218,770人
●1日の最高入場者数	836,000人*1
●1日の平均入場者数	35万人
●会場面積	330ha
●入場料	大人（23歳以上）800円、青年（15〜22歳）600円、小人（4〜14歳）400円 *2
●シンボルマークのデザイン	大高猛

*1　9月5日(土)に記録　*2　当時の平均月収は5万円

第 2 章

Chapter 2 / Kobe
A Flowered City
with
Residents' Affection

神戸人の
愛情が
花を咲かせる街

神

明治期

神戸倶楽部（現・神戸外国倶楽部）は関西在住の外国人のための会員制社交クラブで、当時、多くの会員を擁していた。

「仕事で、よくパリやミラノを訪れる。重厚な歴史的建築が建ち並ぶこれらの都市は、あらかじめ明確な目標を掲げて計画されたものであり、時代を超えて人々を魅了し続けている。しかし私は、神戸の街、とりわけ旧居留地や北野町の街並みは、これら世界有数の観光都市にも引けを取らないほど美しく魅力的だと思っている。神戸の街にあって、パリやミラノにないもの──それは季節ごとに咲き誇る花だ。実際に街を彩る花だけでなく、神戸には、まちづくりにかかわる一人ひとりの心に花がある」

"I often go on a business trip to Paris and Milan.
The well-planned cities timelessly attract people with their historical and stately architecture.
However, I believe that Kobe especially around the former foreign settlement
and Kitano-cho is as beautiful and attractive as the world leading tourist cities.
It is 'flowers' that distinguishes Kobe from Paris and Milan.
Kobe is proud of not only flowers on the streets but also flowers in its residents' minds.

神戸倶樂部

モダニズムの聖地に開花したコンクリートの宇宙

「日本で最初のゴルフ場は、明治36年に六甲山に出来た神戸ゴルフ倶楽部です。その頃の山の写真を見てください。はげ山ですよ。それを現在の緑豊かな姿に育てたのは、その後の神戸のひとたちでした」

安藤忠雄の講演で、印象に残る場面の一つである。都市と自然、ひとと自然という具合に安易に二分できるものではなく、ひとの営為があってこそ両者は共生しうるという主張だ。

幕末の五つの開港地の一つ神戸。そこが明治以来の「人工都市」であることは多くのひとが知っている。しかし、背後に聳える六甲山の自然は、昔から存在したものだと、神戸生まれのわたしも思い込んでいた。神戸ゴルフ倶楽部の創設者、英国人アーサー・ヘスケス・グルームは、神戸居留地有志の希望をかなえるために私財を投じて、ゴルフ場を実現した。そのゴルフ場は昭和を迎えて完全に緑化され、それに歩調を合わせるかのように六甲山も見事な緑をたたえるようになった。ひとの営みがあってこそ神戸という美しい港湾都市が近代になって成立したのである。

安藤の代表作「六甲の集合住宅」が完成して四半世紀。4期にわたるコンクリートの造営物が、六甲の緑の斜面に涼しげに溶け込んでいる姿を眺めると、港を開き、背後の山地を緑化してきた神戸の歴史の文脈が見事に継承されていることに気づく。

大阪で育った安藤は1965（昭和40）年前後から神戸の街に溶け込んでいった。三宮駅につながる地下街が登場した頃で、当時、明治の外国人たちが残した西洋館は存亡の危機にあった。神戸市役所に在籍しながら西洋館の保存運動に立ち上がった坂本勝比古に共感を覚え、安藤は西洋館の集まる北野町の斜面地で「10件の作品をつくる」という目標を立てた。

第1号は1977（昭和52）年に完成した秀逸な商業ビル「ローズガーデン」である。わた

文／松葉一清

しは安藤と知り合う直前にこのビルを訪ねて、中庭の品位あるたたずまいに感動を覚えた。当時の西洋館巡りが、塀越しに外観を眺める不完全燃焼だったなかで、現代建築とはいえ、開かれた中庭を小粋な店舗が囲む仕立ては、これからの街のあるべき姿を示していた。赤い煉瓦とコンクリートの灰色の帯の取り合わせは、この地にふさわしい進取の気風と熟成度を実感させた。ここに神戸コロッケ（惣菜の「RF1」を経営するロックフィールド）が店を開いたのも、安藤の独自の人脈が街づくりに貢献した証であろう。

10件の目標は現時点で8件まで到達した。先に述べたように「六甲の集合住宅」は4期に及んでいる。これらの安藤の建築群はいずれも関西、とりわけ阪神間が育んできた真正なモダニズムの蓄積の継承と見なせよう。この地は、昭和の初めの東京で人口に膾炙した表現を借りるなら常に「尖端的」であった。擬洋風の洋館に始まり、住友家などの財閥の邸宅を経て、戦後はアメリカ流のモダンリビングの先陣を切った。そのような「神戸の土地の文脈」が、安藤の作品に開花したのである。

しかし、その調和した世界は1995（平成7）年1月17日の阪神淡路大震災で瓦解に近い大被害を受けた。安藤は、モクレンの白い花を被災地の復興に合わせて開花させる「ひょうごグリーンネットワーク」を立ち上げ、犠牲になったひとびとの鎮魂を呼びかけた。恩を受けた神戸への心からの愛惜が込められていた。

臨海部の兵庫県立美術館と、そこに続く安藤の手になる公園は、震災の痛手から立ち上がった神戸のシンボルとなった。そして、もう一つの被災地、淡路島では「淡路夢舞台」、「本福寺水御堂」を手がけた。いずれも瀬戸内海という立地を想起させる「水」の存在が空間構成の主要素となった。その縁で、被災児の育英基金を設立して、教育支援にあたっている。クールなモダニズムの傍らに、神戸への深い愛を胸中に秘めたもう一つの建築家の姿があることを忘れてはなるまい。

> 人生はつねに真剣勝負。
> 建築の道を歩んでいく中で、
> 孤高の宮本武蔵はたびたび
> 私の脳裏に現れた
> ── Tadao Ando

真剣勝負に挑ん

| 第2章 | 神戸 | 第1部 |

Chapter 2 / Kobe

Part 1
Challenging Period as a Fledgling Architect

"Life is a continuous battle. Building up my career as an architect, Miyamoto Musashi, a great swordsman who had kept himself above all the vulgarity around him, often crossed my mind."

1969年

独立して大阪に事務所を構え、神戸での仕事を手がけ始めた頃の安藤。毎日が緊張の連続だった。

だ駆け出し時代

第1部　真剣勝負に挑んだ駆け出し時代

神戸は1868（明治元）年の開港以来、輸入港として発展を遂げてきた。そのため「オリエンタルホテル[*1]」のカレーや、「フロインドリーブ[*2]」のパンなどに代表されるように、西洋の文化がしっかり街に根付いて、モダン都市としての基礎が築かれた。

私は20代の前半を北野町で過ごした。そのため神戸は私にとって、大阪の次に馴染みの深いところだ。当時よく通った三宮センター街のカフェ「G線」は、神戸モダンを象徴するような存在だった。1952（昭和27）年創業で、当時さまざまな建築・インテリア雑誌で取り上げられた。こういった新しい発想や文化がすんなりと受け入れられ、街に無理なく馴染むのも、港町として多くの文化を吸収してきた神戸ならではのことだ。そんな洗練された空間の中でコーヒーを飲みながら、私は都市や建築についてさまざまな思いを巡らせていた。

それはまだ本格的な建築活動をスタートする以前のことだった。私は1965（昭和40）年にオープンする三宮地下街、いわゆる"さんちか"の店舗内装の設計などに関わっていた。この頃の仕事は、私にとってかけがえのない経験となった。使い手側の思いを形にすることは難しい。施主は商売人だから、自分の空間に対して真剣である。工事が終わっても「天井が低い」、「棚が小さい」と細かくいろいろなことをいわれた。設計とは、作り手と使い手の間に生じる気持ちのズレを調整していく地道な作業であることを学んだ。

> 設計は作り手と使い手の気持ちのズレを調整する地道な作業である

当時の神戸新聞の社長、田中寛次さん[*3]と知り合ったのもこの頃だった。"さんちか"での仕事に目の色を変えて取り組む私のことを「面白いやつだ」といってよく目をかけてくださった。その田中さんに「好きな本はなんだ」と問われた。独学で社会に出て、仕事の中で建築を覚えようと日々図面と格闘していた頃で、およそ文学とは無縁な生活であった私が、「（建築の）専門書以外、本は読まない」と答えたところ、「そんなことでまともな仕事ができるか」と戒められた。

そのとき薦められたのが吉川英治の『宮本武蔵[*4]』だった。それも3回読めという。さすがに全6巻もある長編を3回も読み通すのは、読書経験のほとんどない私にとっては無謀な挑戦だった。結局、通しで読めたのは1回だけ。しかし、その内容は私にとって十分

---

*1　1870年、オランダ人実業家により外国人居留地に開業したホテル。当初は外国人専用だった。

*2　1924年にドイツ人のハインリッヒ・フロインドリーブが創業。現在に続く、神戸を代表する老舗ベーカリー。

*3　1900-1972。元・神戸新聞社社長。デイリースポーツの創刊やラジオ関西、関西テレビ、サンテレビの設立にも参画した。

文／安藤忠雄

示唆に富んだものだった。戦いの中で悩み苦しみながら剣豪へと成長していく宮本武蔵*5の生きざまが丁寧に綴られ、たいへん面白かった。同時に、責任ある自立した一人の人間として生きていくためには覚悟が必要なのだということを、この小説から教わった。人生はつねに真剣勝負。武蔵の生きざまが心に焼き付いた。その後、建築の道を歩んでいく中で、孤高の宮本武蔵はたびたび私の脳裏に現れた。「人生、知識の総量で勝負するわけではない。しかし、自立した個人として生きて行く上で必要な自由な精神と勇気を得るためには、知識も重要だ」。この田中さんの言葉は私の心に焼き付いた。それから私は積極的に本を読むようになった。

#23 北野町は今、異人館が建ち並ぶ美しい観光名所となっている。明治の開港以来、海外から来て住み着いた実業家たちが自国の生活習慣を取り入れながら建てた異人館は、日本人の伝統技術と西洋的感性との葛藤の中で生まれたからこそ、独特の魅力をもつに至った。しかし1970年代以降、一時期の神戸は築かれてきたイメージに甘え、皆がまちづくりに対する努力を怠ってきた面もあった。私が北野町の異人館の保存運動に関わっていたのも1970年代の初めだが、この頃北野町には安価なホテルなどが次々建設され、異人館のある独特の雰囲気の住宅街も、今からは想像もつかないほどの荒れようだった。

#24 この頃から私は、北野町での仕事の依頼を受けるようになった。きっかけとなったのは、1977（昭和52）年に完成した「ローズガーデン」の設計だった。建築界では、西洋の建築が導入されて以来、美術館や市庁舎などの公共建築が王道で商業施設は軽視される傾向にあった。しかし私は、生活に身近な商業施設にこそ新たな都市建築の可能性があると考えていた。

「ローズガーデン」は1977（昭和52）年春に完成したが、くしくも同年にNHKの連続テレビ小説『風見鶏』がスタートし、北野町は全国の人々の注目を一気に集めた。これをきっかけに北野町で約10年間にわたり住宅や店舗の複合施設8件を設計したが、一貫して街並みとの調和というコンセプトにこだわった。小さな点を一つ一つ結んでいくようなまちづくりが始まる一方で、異人館の保存運動も功を奏し、北野町は古い西洋風の建物と現代の感性が同居する新しい観光地として生まれ変わった。

Text by Tadao Ando

*4　朝日新聞に連載された吉川英治の小説。剣禅一如を目指した宮本武蔵の心身の成長を描き、読者の絶大な支持を得た。写真は安藤所有の同作品。

*5　生年不詳-1645。江戸時代初期の剣術家、兵法家。剣名のみならず、兵法書『五輪書』のほか水墨画や工芸品なども残している。

Keyword
#23

「異人館は明治の開港以来、
日本人の伝統技術と
西洋的感性との葛藤の中で
生まれたからこそ、
独特の魅力をもつに至った」
—— Tadao Ando

Kobe Kitano IjinKan

神戸北野異人館

異国を彷彿させる風が吹く山手の高台

　神戸は江戸時代末期、アメリカからの開国の要請に伴って開港された港の一つである。港に来航する外国人のための居留地は、当時の市街地から離れた神戸村に造成されたが、外国人が増えるにしたがい、居留地の用地不足が問題になった。そこで生田川と宇治川で東西を、海と山で南北を囲まれた地域に限ってのみ、日本人との雑居を認める雑居地として外国人に開放することになった。外国人はやがて、住環境のよい山手の高台にある北野地区へと移り住むようになり、同地区はベランダや煉瓦の煙突などを備えたコロニアルスタイルの洋館が建ち並ぶ瀟洒な街並みへと姿を変えた。昭和初期までには300棟以上の洋館が軒を連ねていたという。

　第2次世界大戦中、破壊を免れた異人館は少なくなかったが、昭和30年代後半の高度経済成長期になると相次いで取り壊しの危機を迎えた。そんななか1960(昭和35)年に旧ハッサム邸、1961年に旧ハンター邸、1966年にブルム邸が取り壊されることが決まると、専門家や市民によって異人館の保存運動が活発化。以来、住民が中心となって街並みを保存する運動に力を入れている。その甲斐もあり、1980年には神戸市内唯一の重要伝統的建造物群保存地区に選定された。

シュウエケ邸
1896年、イギリスの建築家A・N・ハンセルの自邸として建設された。和洋折衷の要素をもっている。

うろこの家
外壁の天然石が魚の鱗のように見える。国登録有形文化財、ひょうごの近代住宅100選の一つ。

高台に建つコロニアルスタイルの洋館群

神戸北野異人館の特色

1. 海外から来た建築家あるいは技師の手によるものであること。
2. 木造であること。
3. ベランダをもっていること。
4. 古典様式の意匠をもっていること。
5. ベイ・ウィンドウをもっていること。
6. オイルペンキ仕上げの下見板張りであること。
7. 煉瓦積みの煙突をもつこと。

萌黄の館
旧アメリカ総領事の邸宅。2階のサンルームから神戸の街並みを見渡せる。国指定重要文化財。

ラインの館
ベイ・ウィンドウなど明治期の様式を継承した大正初期の建築。下見板張りのラインが特徴的。

風見鶏の館（旧トーマス住宅）
尖塔の上の風見鶏で有名な、異人館街のシンボル的な建物。北野異人館で唯一、レンガの外壁をもつ。

Keyword
#24

Rose Garden

「生活に身近な
商業施設にこそ
新たな都市建築の
可能性があると考えていた」
—— Tadao Ando

ローズガーデン

北野の街に溶け込む商業建築デビュー作

　神戸港開港以来、外国人居留地として発展した北野町は、外国人建築家によって建設された洋館が建ち並ぶ、異国情緒漂う街だ。しかし1970年代になると、建設ラッシュの波が押し寄せ、古い街並みが壊されつつあった。そこで地元住民が立ち上がり、異人館保存をはじめ、街並み保存を叫ぶようになる。その一環として安藤が建築を依頼されたのが、乱開発に歯止めをかけつつ、街を元気づける商業施設「ローズガーデン」だ。#23

　現在とは違い、街の景観保護という意識が希薄だった当時、この新たなテーマに対し安藤が提案したのは、建物を既存の街並みから突出しないよう2棟に分割して配置し、レンガ造りの壁や切妻屋根のデザインなど、異人館のイメージを部分的に継承する建築だった。そして壁の内側には、保存するだけでなく、未来へと続く"もう一つの街"を創造した。

　建物は敷地の傾斜に沿うようスキップフロアで構成し、そこに吹き抜けの回廊を巡らせ、階段で結んで、店舗が並ぶ"道"をつくった。雨風が吹き込むその道は、街の路地のように不規則に折れ曲がり、建物内に"よどみ"や"溜り"の空間を生み出す。

　完成以降、北野町には街並みを壊さない落ち着いた建物が競って建つようになる。安藤自身、この地で約10年にわたって合計8件の建築を手がけている。

←1979年に「ローズガーデン」を訪れた安藤。

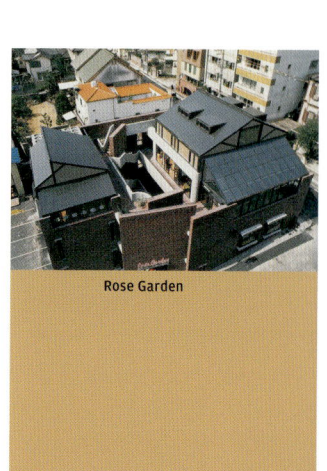

Rose Garden

1977
ローズガーデン
●所在地
兵庫県神戸市中央区山本通
●竣工　　1977年3月
●延床面積　933.1㎡

Kitano TO

1986
北野TO
●所在地
兵庫県神戸市中央区山本通
●竣工　　1986年4月
●延床面積　440.4㎡

安藤忠雄による商業施設が北野の街並みを守る

Kitano Alley

1977
北野アレイ
- 所在地 兵庫県神戸市中央区山本通
- 竣工　　1977年10月
- 延床面積　427.4㎡

Kitano Ivy Court

1980
北野アイビーコート
- 所在地 兵庫県神戸市中央区北野町
- 竣工　　1980年12月
- 延床面積　1,211.9㎡

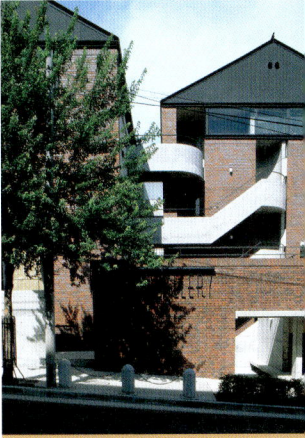

Rin's Gallery

1981
リンズギャラリー
- 所在地 兵庫県神戸市中央区北野町
- 竣工　　1981年5月
- 延床面積　1,594.9㎡

Riran's Gate

1986
リランズゲート
- 所在地 兵庫県神戸市中央区山本通
- 竣工　　1986年3月
- 延床面積　2,079.7㎡

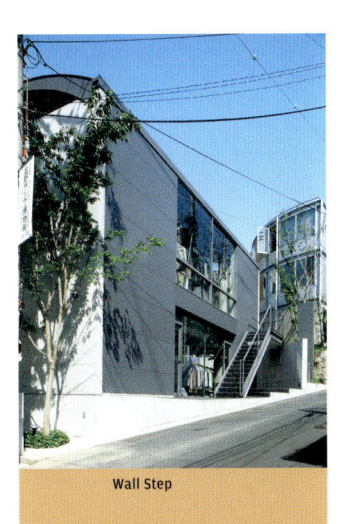

Wall Step

1986
ウォールステップ（旧・OXY北野）
- 所在地 兵庫県神戸市中央区山本通
- 竣工　　1986年9月
- 延床面積　363.7㎡

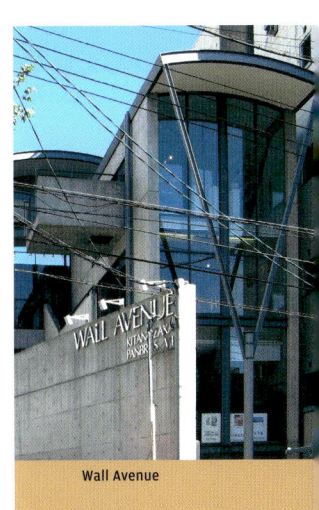

Wall Avenue

1989
ウォールアベニュー
- 所在地 兵庫県神戸市中央区山本通
- 竣工　　1989年3月
- 延床面積　933.1㎡

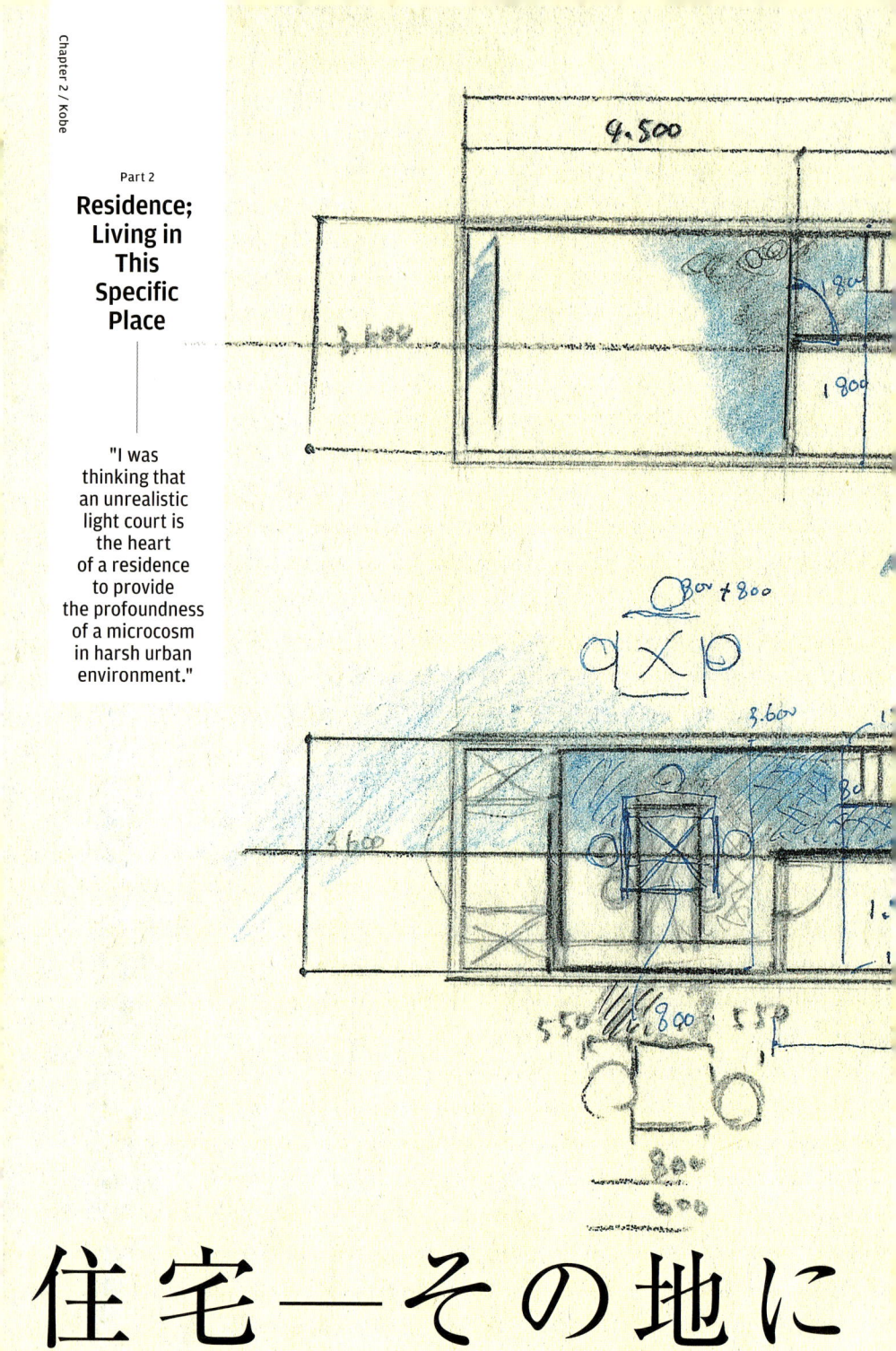

Chapter 2 / Kobe

Part 2
**Residence;
Living in
This
Specific
Place**

"I was
thinking that
an unrealistic
light court is
the heart
of a residence
to provide
the profoundness
of a microcosm
in harsh urban
environment."

住宅―その地に

第 2 章　　　　神 戸　　　　第 2 部

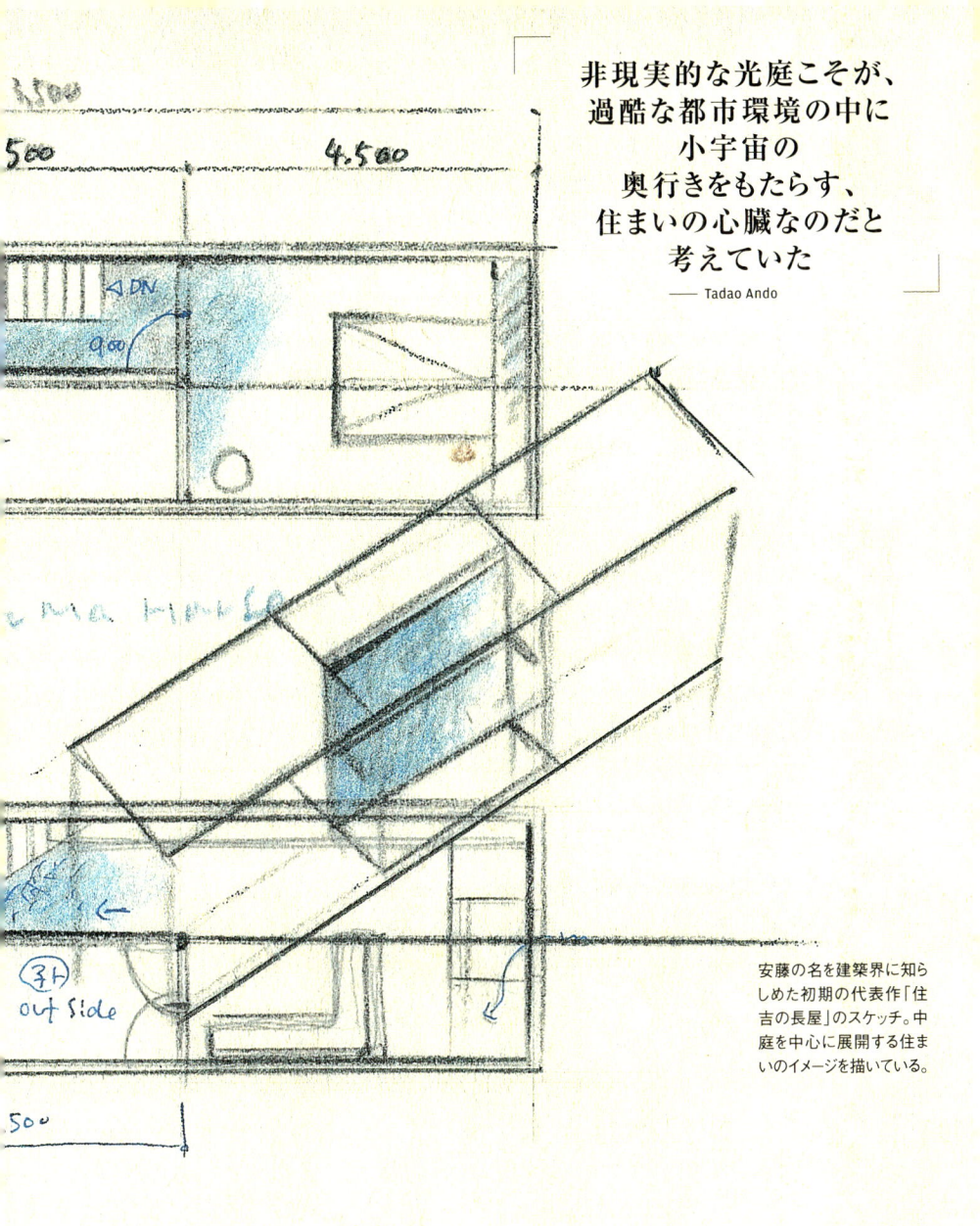

> 非現実的な光庭こそが、
> 過酷な都市環境の中に
> 小宇宙の
> 奥行きをもたらす、
> 住まいの心臓なのだと
> 考えていた
> —— Tadao Ando

安藤の名を建築界に知らしめた初期の代表作「住吉の長屋」のスケッチ。中庭を中心に展開する住まいのイメージを描いている。

住むということ

第2部　住宅—その地に住むということ

㊿私の建築家としての実質のデビュー作は、1976(昭和51)年の「住吉の長屋—東邸<small>あずまてい</small>」だ。これは大阪の住吉区だが、実は同時期に、神戸の住吉と呼ばれるところでも住宅「松村邸」の設計依頼を受けていた。

二つの住吉の住宅のうち、神戸のほうは市内中心部の良好な住環境にある、御影石の石垣と立派なクスノキが残った160坪の敷地に延べ50坪ほどの専用住宅をつくるという、建築としては恵まれた条件の仕事だった。ここでは、周辺環境との対話の中で、自ずとつくるべき建築の形は決まった。御影石の石壁も3本の立派なクスノキも、100年も200年も前からこの場所に生き続けてきたものだ。そこに新たに加えるなら、先住者に敬意を払った建築であるべきだろうと考えた。既存の樹木をよけた建物配置を考え、周囲の街並みと連続する木造の勾配屋根とレンガ壁の意匠を採用することにした。

一方、大阪の住吉の依頼は間口2間、奥行き8間という狭小な敷地の、3軒長屋の真ん中の建て替えという、技術面、経済面、表現の点でもまったく自由度のない、考えうるかぎりで最悪の条件の仕事だった。私は3軒長屋の真ん中1軒をそのまま切り取り、そこに四周に壁を立てて空間を獲得するという、思い切った提案をした。挿入したコンクリートの箱の内部の構成は、アイデア自体はけっして珍しいものではなかったが、問題はその光庭が狭い住戸平面の実に3分の1のスペースを占め、しかも真ん中で生活動線を分断するように配置されていたことで、完成した「住吉の長屋」は、現代住居の一般解からは大きくはずれた住宅建築だった。雨の日にトイレに行くのに傘を差さねばならない。批判も大きかった。確かに機能上関連のある部屋同士を最短かつ快適な動線で結ぶことは、機能主義に基づいた近代住宅の大前提だ。しかし私は、この不条理で非現実的な光庭こそが、過酷な都市環境の中に小宇宙の奥行きをもたらす、住まいの心臓なのだと考えていた。狭いがゆえに、光庭から入り込む"自然の移ろい"という刺激を何より大切に考え、自然に対して思い切り開くことを選んだ。

街並みに溶け込むようにつくった神戸の住吉の住宅と、概念的、抽象的な構成のまま実現した大阪の住吉の長屋。相反するように見えるが、いずれも建築と環境の関係性について考え抜いた私なりの回答だった。何より誇らしいのは、どちらの依頼主も、30

> その地ならではの
> 魅力を
> 最大限に引き出す
> 住宅を目指した

文／安藤忠雄

#26

年を経た今なお、どこに手を加えるでもなく住み続けてくれていることだ。

　同じ神戸で1978（昭和53）年、六甲山中腹の傾斜地に集合住宅をつくってほしいという依頼があった。敷地を見ると平地の背後に崖のように急峻な60度の斜面が控えていた。施主は手前の平地に計画をする算段だったが、私は背後の斜面地にあえて挑戦したいと考えた。アトリエファイブのハーレン・ジードルンクを参照しながら、斜面の集合住宅という課題に向き合った。神戸は南に大阪湾、北に六甲山の迫る、海と山に挟まれた東西に細長い地形にあり、そこに7本の川が流れるという恵まれた自然条件にある。しかし、絶好の地理的条件に恵まれながらも、阪神間にその個性を生かしきった建物というのはそれほど多くない。そこで「六甲の集合住宅」においては、この場所の魅力を最大限引き出した、まさに神戸という場所にしかできない建築を目指した。

　しかし、計画には予想以上の困難が伴った。厳しい法規制との調整、複雑な構造計算、集合住宅としてはイレギュラーな構成と建設コストなど、数多くの問題をクリアしなければならなかった。複雑な地盤の解析にコンピューターを導入した。この当時はまだ、設計でコンピューターを使った例はほとんどない。すべてが新しい挑戦だった。そうしてやっとのことで着工にこぎ着けたのだが、そこからもまた難関の連続だった。工事を担当したのは地元の小さな建設会社。スタッフも若く、危険な工事に対して盤石とはいいがたい態勢だったが、彼らには若さゆえの情熱と、知らぬがゆえの勇気があった。建築は設計者一人の力でできるものではない。建設会社や職人たち、そしてクライアント、それぞれの思いが一つになってはじめて価値あるものが生まれる。若い建設チームは、経験が少ない分、入念に研究し、周到な準備を怠らなかった。誰もが、この場に相応しい、そしてほかでは見たことのない建築をつくりたいという、強い思いをもっていたからこそ、困難な工程を事故なくクリアしていくことができた。今では、若いチームで臨んだことが、逆に成功のカギになったのだと思っている。

　Ⅰ期の完成後、隣地に自主的に提案を行ったり、不思議な縁に恵まれたりしたこともあって、計画は四半世紀にまたがり、続いている。一貫して、この地に集まって住まうことの意義を第一に考え、"ここにしかない建築"となることを意図して計画している。

Text by Tadao Ando

Keyword
#25

Residences in Two Different Sumiyoshi

二つの住吉の住宅

「相反するように見えるが、
いずれも建築と環境の
関係性について考え抜いた
私なりの回答だった」
—— Tadao Ando

大阪の「住吉の長屋」。中庭に浮かぶブリッジと階段で各部屋を結んでいる。中庭から室内まで玄昌石張りの床が続く。

Photos: Shinkenchiku-sha

大阪・住吉の住宅は
自然と共生し、
神戸・住吉の住宅は
環境に溶け込む

Keyword #25

二つの
アプローチで
建築と環境との
関係性を表現

↑竣工直後の「住吉の長屋」。

大阪の「住吉の長屋」は、下町にある3軒長屋の中央の1軒を切り取って、2層分のコンクリートの箱に置き換えた大胆な建築。内部は3分割され、中央に中庭があり、1階に居間と食堂、台所、浴室、2階に子ども部屋と主寝室が置かれ、それぞれを階段とブリッジが結んでいる。

間口2間、奥行き8間という極限まで制限された敷地と予算の中で、いかに変化に富んだ奥行きのある住空間をつくれるか、生活に本当に必要とされるものとは、住まいの本質とは何か──徹底的に考えた結果、安藤が導き出した答えの一つが"中庭"だった。

薄暗い長屋でも、中庭から吹き込む風やひと筋の光の変化から、四季や時間の移ろいを感じられる。中庭を介して自然と共生することで、心の豊かさを得られる。実際に、京都や大阪には今も通り庭や中庭、後ろ庭のある町家が残り、安藤自身が育った大阪の長屋にも後ろ庭があった。アメリカ風の巨大なモダンリビングではなく、日本の限られた敷地なりの住まいの豊かさが、ここに再現されている。そして、単純な構成の中に展開する多種多様な空間、閉ざされたコンクリート壁の中に息づく光と風は、その後の安藤建築の原点となるものだ。

一方、神戸の住吉にある住宅「松村邸」は、市内中心部の高級住宅街にある。御影石の石垣と立派なクスノキが残る美しい環境から、安藤は古いものを残すこと、既存の環境に合わせてつくることをテーマとした。3本のクスノキを残すために建物を木の背後に隠し、前面にできた空間を玄関前の前庭としている。外観には、周辺環境に調和するようレンガ壁や勾配屋根を用いた。安藤が考え続けてきた、建築を敷地内で完結させるのではなく、周囲を含めた一つの環境としてとらえるということ──環境と建築の関わりが、大阪の「住吉の長屋」とはまったく対照的に表現されている。

Row House, Sumiyoshi - Azuma House

Matsumura House

ダイニングキッチン。室内のインテリアはすべてナラ材で統一した。

大阪「住吉の長屋―東邸」

- 所在地　大阪府大阪市住吉区
- 竣工　1976年2月
- 延床面積　64.7㎡

敷地にあった石垣とクスノキを生かした建築。レンガ壁で環境と調和させた。

神戸「松村邸」

- 所在地　兵庫県神戸市東灘区住吉町
- 竣工　1975年10月
- 延床面積　145.6㎡

Keyword
#26

Rokko Housing

六甲の集合住宅

「私は背後の斜面地に
あえて挑戦したいと考えた。
この場所の魅力を最大限引き出した、
まさに神戸という場所にしかできない
建築を目指した」
—— Tadao Ando

四半世紀にわたる壮大な挑戦

Rokko Project
III

斜面に階段状に広がる集合住宅。地形に沿った建築と屋上の緑が環境と一体化している。

Rokko Project
II

Rokko Project
I

Chapter 2 / Kobe

「計画には予想以上の困難が伴い、
着工後もまた難関の連続だったが、
誰もが、この場に相応しい、そして
ほかでは見たことのない建築をつくりたい
という強い思いをもっていた」
—— Tadao Ando

Ⅰ期の建設中に安藤が描いたⅡ期のイメージスケッチ。傾斜地集合住宅の発展形を模索し、斜面に沿ってユニットが積み重ねられていく様を描いている。

1983

Rokko Project I

「クライアントが指さす平地の後ろに迫る、60度の斜面に惹かれた」

↑中央階段を軸にユニットを積み上げた。自然の地形になじませる過程で生まれる空白は、パブリックスペースとした。

←5.8×4.8メートルのユニットを基本単位とする構造。コンクリートと周囲の緑が対比を生みながらも調和する。

六甲の集合住宅 I
Rokko Housing I

- 所在地
  兵庫県神戸市灘区
- 竣工
  1983年5月
- 延床面積
  1,779.0㎡

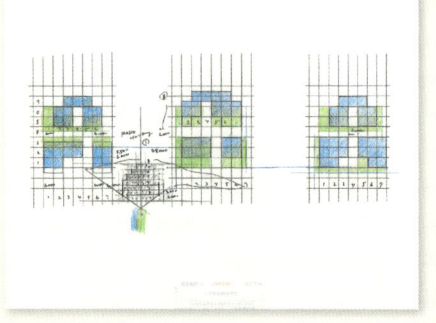

←ブロックの構成を検討するためのスケッチ。周囲の自然をどのようにして引き入れるかについて検討を重ねた。

1993

Rokko Project II

「Ⅰ期を見た隣地所有者から
こちらにも建てないかと
声をかけられた」

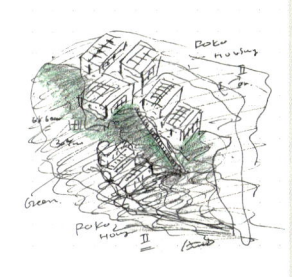

Tadao Ando

↑→Ⅰ期の3倍の敷地面積に、より自由な設計で建築されたⅡ期。各住戸の大きさ、プランともに多様なバリエーションをもつ。

↑住居棟に挟まれた共用空間の断面について検討するためのスケッチ。傾斜を生かした立体路地のようなスペースを意図した。

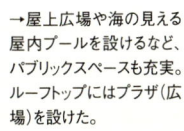

Photo: Mitsuo Matsuoka

六甲の集合住宅Ⅱ
Rokko Housing Ⅱ

- ●所在地　　兵庫県神戸市灘区
- ●竣工　　　1993年5月
- ●延床面積　9,043.6㎡

→屋上広場や海の見える屋内プールを設けるなど、パブリックスペースも充実。ルーフトップにはプラザ(広場)を設けた。

Photo: Mitsuo Matsuoka

1999

Rokko Project **III**

「依頼も受けずに
勝手に考えた計画が
のちに実現した」

←高層棟、中層棟、低層棟からなるⅢ期。植栽が施された中庭の共用空間は、住民の散策コースとなっている。

↓Ⅱ期の建設中、神戸製鋼の社員寮が建つ土地に自分の思い描く集合住宅を建てることをイメージしたスケッチを描いた。

Photo: Mitsuo Matsuoka

Photo: Mitsuo Matsuoka

六甲の集合住宅 Ⅲ

Rokko Housing Ⅲ

● 所在地
兵庫県神戸市灘区
● 竣工
1999年2月
● 延床面積
24,221.5㎡

Keyword #26

異なる施主の依頼で斜面に取り組むこと四半世紀

Rokko Project

IV

2009

I期の敷地は60度もの傾斜地にある。当初は平地での依頼だったが、優れた眺望を備えた六甲ならではの住環境を得られる傾斜地での建設を安藤が提案してスタートした、自然への挑戦といえるプロジェクトだ。

↓大病院の跡地に建設された総合医療施設。集合住宅の地域社会に貢献する、最新のプロジェクト。

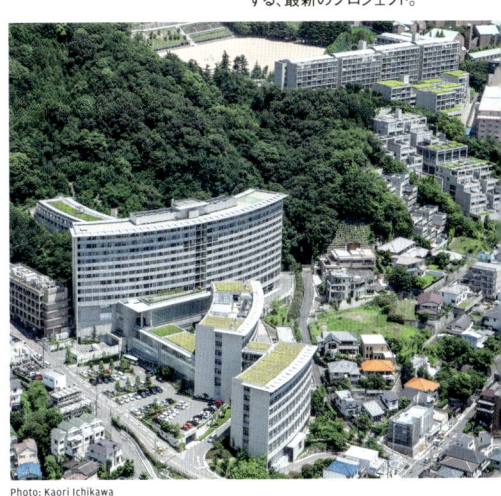

　持ち家志向の強い日本人が集合住宅に住むのなら、それによってしか得られない安心や安全といった精神的な価値を得られることが大切だ。この考えから、「六甲の集合住宅」I期では、空間に意図的な余白をもたせ、コミュニティを育むパブリックスペースを設けた。さらに、各住戸の面積、間取りはすべて違え、下の住戸の屋根を上の住戸のテラスとして使うなど多様な形式の住戸が幾何学的に接続されている。複雑な構造計算と法規制、そして文字通り命がけの危険な工事を乗り越え、5年の歳月をかけて"現代の懸け造（かけづくり）"と呼ばれる集合住宅が完成した。

　この完成と前後して、隣地に立ち上がって来た要塞のような建物が面白いと、隣地を所有する三洋電機のオーナーから、同じような斜面の集合住宅をつくってほしいと依頼を受ける（II期）。ここでは広い敷地を生かし、パブリックスペースの充実が図られた。II期では法規制の壁にぶつかり、完成までに約10年を要している。

　安藤はさらに三つめの計画として、II期の裏側にある社員寮を建て替え、I期、II期に連なる傾斜地集合住宅をつくらないかと神戸製鋼にもちかけた。当初は断られたが、依頼されないまま計画を詰めていたおり、当の社員寮が1995（平成7）年の阪神淡路大震災に見舞われ、使用不可能に陥ってしまう。安藤が依頼を受けたのはこのときで、3か月後には着工を迎えている。

　そして、2009（平成21）年にはI期にほど近い1万坪の大病院跡地で、高齢者医療と一般医療とを併せ行う総合医療施設の建設に着手する（IV期）。一連のプロジェクトで、景観をデザインするという点での"緑化"を意識してきた安藤はここにも散歩道を設け、緑豊かな風景を実現する計画を進めている。

Photo: Kaori Ichikawa

↓I～IV期全体が、森の中に埋まっているようなイメージ。各建物から神戸の街と海を見渡せる。

Photo: Kazuo Natori

六甲プロジェクトIV
Rokko Project IV

●所在地
兵庫県神戸市灘区
●竣工
2009年6月
●延床面積
32,080.5㎡

第2章　神戸　第3部

絶望からの再起

少し歩けば美術館や博物館が点在し、山と海が近接する神戸の街は、"住む"ことに関しては日本一だと私は思っている。とりわけ元町の旧居留地や北野の異人館周辺は、世界でもまれにみる美しい街並みだ。港町ということもあり、さまざまな異文化が混在しながら、全体として一つの街並みを形成しているのが神戸という街の特徴でもある。#23

そんな神戸のまちづくりに一役買えればと、2003（平成15）年から、私は神戸市による「花とみどりの回廊」まちづくり懇談会に参加するようになった。これは、神戸の中心地区を花と緑で美しく整備しようというまちづくりの取り組みで、私はそのアドバイザーとして定期的に懇談会に出席していた。そのなかで何よりも驚いたのは地域の人々の熱意だ。もともと住民主体の取り組みだったのだが、皆が率先して店先に花を飾り、道路などの公共部分の植栽の世話も行っていくことで、年を追うごとに成果が上がり、北野町や旧居留地、フラワーロードを中心に、あふれんばかりの花が街を彩った。懇談会は一旦解散したが、まちづくりの取り組みは市民の手で今も続けられている。

神戸の人たちがまちづくりを見直す最も大きなきっかけとなったのは、いうまでもなく1995（平成7）年の阪神淡路大震災だった。復興に向けての歩みの中で、住民たちは行政と手を取り合って、かつての観光都市神戸の再生を目指して立ち上がった。旧居留地周辺では倒壊した建築物の材料を再利用し、できるだけ以前の街並みを再生する試みがなされた。

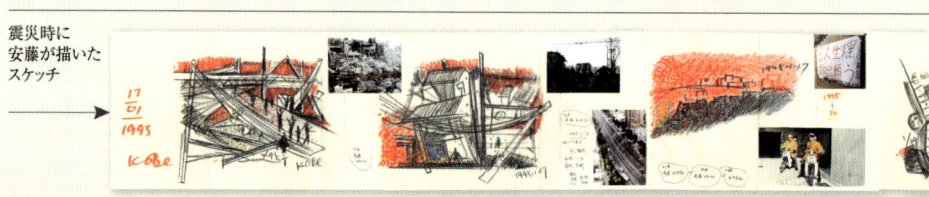

> 住民の愛情が
> 旧居留地を
> 震災前よりも
> 美しく蘇らせた

Chapter 2 / Kobe

震災時に安藤が描いたスケッチ →

「神戸の街がどうなったかで頭が一杯となった」

> 神戸の魅力は、
> 何よりも住民たちの
> 街に対する深い愛情によって
> 支えられている
>
> —— Tadao Ando

文／安藤忠雄　　　　　　　　　　　　　　Text by Tadao Ando

Part 3
Recovery from Despair

"Charms of Kobe has been supported by, above all else, deep affection of its residents toward the city."

　古い建物を大切にしながら新しいものを迎える心をもって街並みが整備され、神戸は訪れるだけで心温まるような街として再生した。さらに、地域の人々はおたがいが声を掛け合って、店舗の周辺や街路に率先して花を植えた。こうした人々の街並みに対する思い、古いものに対する愛情は、結果として、旧居留地を震災前よりもはるかに美しい街として蘇らせた。私は美しくなった旧居留地を歩くたびに、日本だけでなく、世界でもこれほど美しい街はなかなか見当たらないのではないかとすら思う。

　阪神淡路大震災の後、春になり、被災した街のあちこちにモクレンなどの白い花が咲き出した。それを見て、亡くなった人の鎮魂には白い花がよいのではと思い、私は阪神淡路大震災復興支援10年委員会と一緒に、12万5千戸の復興住宅の倍、25万本のモクレンやコブシを植えることを目標に掲げた植樹活動、ひょうごグリーンネットワークを設立した。毎年白い花が咲くたびに私たちは亡くなった人のことを思い、それとともに次の世代に希望がもてるような地域の心のネットワークが育つのではないか、人の心と心のネットワークが、おたがいの心の垣根を越えてともに生きていく地域をつくっていくのではないか——そんなことを考えたのだ。この活動はその後多くの人々の協力を得て、当初の目標をはるかにしのぐ31万本の植樹を達成する。

　私自身、さまざまな復興プロジェクトに携わってきたが、神戸の魅力は、何よりも住民たちの街に対する深い愛情によって支えられている。港町として発展してきた伝統的な街並みは神戸の人々にとって大切な心の風景となっている。これらを壊すことなく、これからも守り続けてほしいと思う。

#28

＊1　1995年1月17日に発生した兵庫県南部地震による大規模災害。神戸市街は甚大な被害を受けた。

「壮絶な光景を見て絶望的な気分に打ちひしがれた」

第3部　絶望からの再起

神

戸港の対岸に位置する淡路島は、阪神淡路大震災の震源地として有名になったが、神話の時代から"国生みの島"*1とされてきた、瀬戸内海に浮かぶ島である。その淡路島で2000（平成12）年に開催されたジャパンフローラ2000の会場となったのが「淡路夢舞台」だ。私はここで毎年、「淡路夢舞台」の建設に関わった人々の同窓会を開催している。自分たちがつくったものをどのように育てていくか、それを考え続けていくためだ。周囲をとりまく木々も、年々生長を続けている。これらすべてが工事に際して植えられたものだといえば、驚かれるかもしれない。

「淡路夢舞台」の設計を依頼されたのは、1988（昭和63）年のことだった。当時、淡路島の一角には巨大な土砂採掘場跡地があった。かつてこの場所では、関西国際空港やポートアイランドの埋め立てのための土砂が削られたのだ。当初、ここにゴルフ場をつくるという計画があったが、当時の兵庫県知事・貝原俊民さんが「空港や人工島をつくるために美しい山を切り崩したのは自分たちの時代。次の時代を考えるために、もう一度美しい緑の山に戻し、人が集まり、ものを考える場所にしよう」と呼びかけたこともあって、緑あふれる複合施設をつくることになった。しかし、その敷地を初めて訪れた時は、私はただただ啞然とした。この島をふたたび生命力ある島にするためには、根気よく緑を育ててゆかねばならない——そう考えたときまず頭に思い浮かんだのは、かつての六甲山の植林事業だった。

> 苗木はさらに育ち、森となって建物を覆い尽くそうとしている

神戸の街に東西に横たわる六甲山は、かつて木材や石材の採取のために木々が伐採され、100年前まではげ山の状態だった。当時、山を訪れたアメリカの建築家フランク・ロイド・ライト*2がアリゾナの荒野と同じだと評したというのだから、よほど殺伐とした風景だったのだろう。しかし六甲山はその後、治山治水を含め、人々の手で植林をすることでもとの緑豊かな状態に戻ったという歴史がある。その事実に勇気づけられ、「淡路夢舞台」の地にも植林をし、育ててゆけば息を吹き返すのではないかと思い、建設工事の始まる3年前から木を植え始めることにした。工事が始まる前から植林をしておけば、建物が完成する頃にはそれなりの森ができているだろうと考えたのだった。

苗木は1993（平成5）年頃から植え始めた。設計も順調に進み、1994年の12月24日、

---

*1　『古事記』によると、伊邪那岐命（いざなぎのみこと）と伊邪那美命（いざなみのみこと）の2神が最初に生んだのが現在の淡路島とされている。

*2　1867-1959。アメリカの建築家、近代建築の巨匠。おもな作品にカウフマン邸（落水荘）などがある。

実施設計が完了した。しかしその直後、未曾有の出来事により計画は一時中断を余儀なくされる。1995年1月17日に淡路島や神戸の街を襲った、阪神淡路大震災である。

　その日、私はロンドンにいた。コンペの最終審査の日で、関西国際空港を設計したレンゾ・ピアノ[*3]もその場にいた。知らせを聞いて、二人して動転した。私はただ、神戸の街がどうなったか、そのことで頭が一杯となった。翌日からのシカゴ行きを急きょキャンセルし、飛んで帰ってきて被災地に入った。目の前の壮絶な光景を見て、これは復旧も復興も難しいのではないかと、なかば絶望的な気分に打ちひしがれたことを昨日のことのように覚えている。

　しかしその後被災地は、あの壊滅的な状態から通常では考えられないほどのスピードで復興を成し遂げた。それは一つには、当時の兵庫県知事であった貝原さんをはじめ、行政の人々が垣根を越えて、民間と手を取り合って復興に取り組んだことが大きい。そして何よりも大きかったのは、絶望的な状況に置かれてもけっしてあきらめることなく、地域の中でおたがいを支え合いながら苦境に立ち向かった神戸の人々の頑張りに尽きる。とにかく、美しい神戸を次の世代に残していきたいという彼らの思いと街に対する愛情が復興に向けての大きな力となった。被災地の人々の姿勢には、私自身とても勇気づけられた。

「淡路夢舞台」は震災後、敷地を走っていた活断層を避ける形で再度設計をやり直し、1999（平成11）年に無事完成した。着工に先立って植えた苗木は、すでに大きく生長していた。現在ではさらに育ち、森となって建物を覆い尽くそうとしている。今でも毎年同窓会を行うたびに、開催を記念して参加者とともに木を植えている。建築は竣工を迎えればそれで終わりではない。適切に使い続けてもらえるようにしなければならないし、そのためには施設をずっと見守っていかなければならない。この森は、工事関係者や施設運営者を含め、関係した皆で育てた森である。

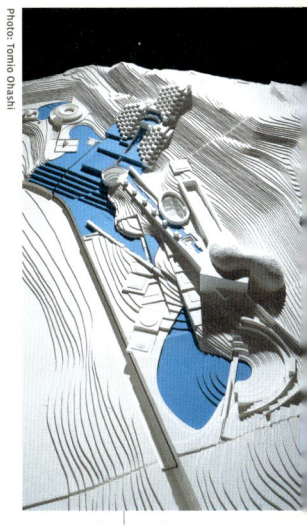

1988年　震災による計画変更前の「淡路夢舞台」

失われた自然の再生を主題に、緑あふれる複合施設を目指した。全体を地形と一体化した"庭"として、建物の間を水景がつなぐイメージで設計された。

2000年　震災を乗り越えてついに完成

完成の翌年には花の博覧会、ジャパンフローラ2000が開催され、約96ヘクタールの会場が1,700種150万本の世界の花々に彩られた。

*3　1937-。イタリアの建築家。リチャード・ロジャースと共働した、パリのポンピドゥ・センターや関西国際空港旅客ターミナルビルの設計で知られる。

Keyword
#27

Kobe Former Foreign Settlement

神戸旧居留地

「元町の旧居留地や北野の異人館周辺は、世界でもまれにみる美しい街並みだ」
—— Tadao Ando

→外国船が寄港する神戸港のにぎわいを描いた《摂州神戸海岸繁栄之図》（1871年、長谷川小信筆）。神戸市立博物館所蔵。

明治に生まれた美しい街並みは住民たちの手で受け継がれる

　1858（安政5）年に締結された日米修好通商条約により開かれることが決まった兵庫の港が、実際に開港したのは10年後の1868（慶應3）年のこと。開港に合わせ、来航する外国人の居住地区として、当時の港から約3.5キロ東に離れた神戸村に居留地が造成されることになった。事業の指揮をとったのはイギリス人土木技師のJ・W・ハート。敷地を126区画に分け、当時最新の西欧式の技術によって道路や公園、下水道、街灯などが整備された。現在もその敷地割はほぼ往時の姿をとどめている。

　1899（明治32）年、居留地が返還されると多くの日本人が同地でビジネスを展開するようになり、外国商館と相まって旧居留地のにぎわいはさらに勢いづいた。しかし1914（大正3）年に第1次世界大戦が始まると、本国へと戻る外国人が増え、外国商館は衰退。一方で日本の海運会社や商社、銀行が増えた。1923年の関東大震災で横浜港が壊滅的な打撃を受けたこともあり、港町神戸は好景気に沸いた。昭和30年代後半には一時期景気が低迷するものの、その後、地区内に残る近代洋風建築への関心が高まるにつれ、ブティックや飲食店が並ぶようになり、新たな魅力をもつ街として人々が集まるようになった。阪神淡路大震災では甚大な被害を受け、地区内に建つ約100棟のビルのうち、国指定重要文化財を含む22棟を解体せざるを得なかった。しかしその後、住民らによる熱心な復興活動により、近代洋風建築が彩るかつての街並みを取り戻している。

1878年
2012年

↑現在の旧居留地。
→外国人居留地と日本人と外国人の雑居地の境界を描いた《居留地西側の境界》（1878年、C・B・バーナード筆）。神戸市立博物館所蔵。

J・W・ハート
J. W. Heart / 1870-1900

イギリス人土木技師。ペルーや上海を経て来日した。神戸で開業しながら、居留地行事局の書記も務めた。

西洋の香り漂う港町神戸の象徴

Keyword
#28

Recovery Projects

「復興への歩みの中で、住民たちは行政と手を取り合って、かつての観光都市神戸の再生を目指して立ち上がった」
—— Tadao Ando

復興プロジェクト

Project 1
ひょうごグリーンネットワーク

緑でつなぐ都市と心

　都市の復興と同時に、被災者の心の復興のためにと安藤が始めた運動。鎮魂の思いを込め、白い花を咲かせるコブシ、ハクモクレン、ハナミズキなどの樹を住民自身の手で被災地に植えるというもので、震災によって分断された都市の風景や人々の絆の回復のために、緑を媒介として新しいつながりが生まれることを願った。震災後に必要とされた12万5,000戸の復興住宅の倍の25万本が目標とされたが、地元自治体や全国200以上の自治体から苗木の提供を受けたほか、ボランティアや寄付によって目標を上回る30万本以上の植樹を達成した。

　のちの瀬戸内オリーブ基金など、安藤が数々の植樹運動を手がけるきっかけとなった。2011（平成23）年の東日本大震災後には、被災地に苗木や草花を植える「鎮魂の森」を提唱している。

↑30万本目の泰山木（タイサンボク）は天皇、皇后両陛下に植樹していただいた。

↑鎮魂の思いを込めた街路樹の白い花に彩られる神戸の街。

↑ひょうごグリーンネットワークのロゴマーク。

Project 2
海の集合住宅

↑高層・中層・低層を組み込んだ段状の構成で、立地を生かしつつ多様な世帯構成のニーズに応える。

↓再開発計画が進んでいた工場跡地に、復興のシンボルとなる海と緑の集合住宅を計画した。

1995年

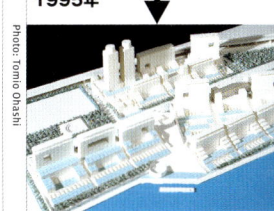

Photo: Tomio Ohashi

↑「海の集合住宅」の模型。復興を目的としているため、計画、工事ともにスピードが重視された。

被災地のために建築家ができること

「被災地のために自分ができることをしたい」との思いから、安藤は復興プロジェクトとしていくつかの住宅を自主的に提案した。神戸市の東部臨海地区に復興のシンボルとして整備されたHAT神戸の「海の集合住宅」もその一つだ。

東部臨海地区は、高度経済成長期には工場が林立し、震災前から東部新都心としての再開発計画が進んでいた地域である。だが安藤は、震災を経験した街だからこそ、従来の経済優先型ではない、住まいを中心とした都市づくりをするべきだと考えた。

安藤は「六甲の集合住宅」同様に、ここでも山と海に挟まれた神戸の環境を生かし、"この場所でしかできない建築"の創造を提案している。当初は海につながる広場をもった高層・中層・低層の段状の構成に、高齢者向けの低層部コートハウス、家族世帯向けの屋上庭園をもつ中層部、単身者向けの高層部フラットという計画だった。

コートハウスは実現しなかったが、上部に海風が抜ける空洞をもつ基本設計は生かされた。水際広場は、同地区の「兵庫県立美術館」に隣接するかたちで実現された。

#26

#29

海の集合住宅
Seaside Housing

●計画地
兵庫県神戸市
●計画
1995年2月-

Chapter 2 / Kobe 161

Keyword #29

兵庫県立美術館+神戸市水際広場

「美術館と広場が一体化した、
復興のシンボルにふさわしい
新たな水際の風景は
復興を願う強い意志から生まれた」
―― Tadao Ando

column

復興への意志を映した水際の新風景

海側から見た「兵庫県立美術館」。山と海に挟まれた神戸ならではの環境を意識した建築である。

Keyword #29

神戸の立地を生かした市民のための憩いの空間

「兵庫県立美術館」は、復興のシンボルとして東部新都心のHAT神戸に建設された美術館。防災拠点として同新都心の中心に計画された「水際広場」に隣接する敷地に県によって提案された。復興プロジェクトとして「海の共同住宅」を自主提案したことをきっかけに「水際広場」の設計を進めていた安藤が、建築家数人によるプロポーザルによって美術館の設計者に選定された。美術館では背後に山、前面に海という神戸特有の立地を生かし、展示室の周囲に海に向かう"縁側"をつくる仕掛けが考案された。御影石張りの壁で覆われた基壇部の上に、コンクリートをガラスが包み込む入れ子状の3棟のボックスが並列している。海と対峙する三つの庇が特徴的だ。

↑美術館と水際広場をつなぐ大階段。人々が腰かけ、海を眺めながら休息する憩いの場となっている。

↓自然を感じられる美術館と広場の風景。広場は美術館のパブリックスペースの延長として機能する。

Photo: Kaori Ichikawa

↑上：三つ並んだガラスとコンクリートの2重構造のボックスと大きな庇が特徴の建築。ガラスが海岸と街の光を反射する。下：上空から見た美術館と広場。美術館から広場、そして海へと連続する形で設計された。

　単純な構成の内側にスケールの違う多彩な空間が展開する。エントランスホールから16メートルの吹き抜けの階段を通り、自然光が降り注ぐガラス張りの回廊を通って展示室へと向かう。展示室の間に位置する「光の庭」で作品が展示されることもある。屋外には海へとせり出した「海のデッキ」、山を見渡す「山のデッキ」が設けられ、展示物を見るだけでなく、神戸ならではの自然の風景を体感することができる。3棟の隙間には、海と山々の景観をつなぐ象徴的な円形テラスが設けられた。

　美術館の海側の基壇部から「水際広場」へは、緩やかな大階段が続く。広場は全長500メートルにわたり、北側には当時の11政令指定都市からの寄付により植樹された、兵庫県の木であるクスノキの森が広がる。「水際広場」は、美術館閉館後もHAT神戸の庭として開放されている。美術館と広場を一体的に計画することで、市民の憩いのための新たな水際空間の創造が実現した。

Hyogo Prefectural Museum of Art & Kobe Waterfront Plaza

兵庫県立美術館＋神戸市水際広場

●所在地	兵庫県神戸市中央区脇浜海岸通1-1-1
●竣工	2001年9月
●延床面積	27,461.4㎡（兵庫県立美術館）
●電話	078-262-0901（兵庫県立美術館）
●入館料	500円（特別展は別途入場料が必要）
●開館時間	10〜18時（最終入館17時30分）、特別展会期中の金・土曜日は10〜20時（最終入館19時30分）
●休館日	月曜日（祝日の場合は翌日休）

Keyword
#30

百段苑

岩盤斜面地に設置された100区画の花壇「百段苑」。「淡路夢舞台」のハイライトたる鎮魂のモニュメントである。

淡路夢舞台
Awaji-Yumebutai

- 所在地
  兵庫県淡路島夢舞台
- 竣工
  1999年12月
- 延床面積
  95,078.0㎡
- 電話
  0799-74-1000

Photo: Mitsuo Matsuoka

Awaji-Yumebutai

淡路夢舞台

鎮魂と復興のシンボル

「建築は竣工を迎えれば
それで終わりではない。
見守り、育てていかねばならない」
—— Tadao Ando

Chapter 2 / Kobe

↑森と水で再生された島の風景。計画段階から木を植え始めたため、現在は豊かな緑に覆われている。

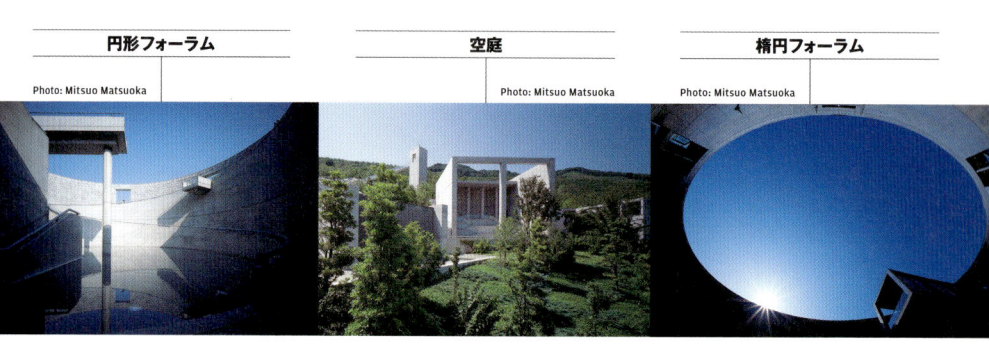

円形フォーラム	空庭	楕円フォーラム
Photo: Mitsuo Matsuoka	Photo: Mitsuo Matsuoka	Photo: Mitsuo Matsuoka

複雑に絡み合う建築の結節点にあり、静寂を湛えた「水庭」や「空庭」などからなる展望テラスが来訪者を迎える。

斜面に埋め込むようにつくられた展望テラス。この奥には、斜面を彩る100区画の花壇「百段苑」が広がっている。

長径50メートル、高さ17メートルという巨大な楕円型に囲われた劇場空間。「海回廊」と「山回廊」を結んでいる。

2012年

1992年

↑大阪湾埋め立てのための土砂採掘場として山をまるごと削り取られ、無残な姿をさらしていた。

Keyword #30

再生された環境の中で建築と人、自然が対話する

淡路島の海岸部、淡路島国際公園都市の中核施設として計画された、広さ28ヘクタールの巨大な文化コンプレックスである。大阪湾埋め立てに用いる土砂採掘場として荒廃した土地の再生がテーマであり、安藤はまず建物より先に、周囲の斜面に苗木を植えることから着手した。30万本植えた苗木の生長を待ち、3年後に工事をスタートする計画だ。安藤はここを、森と水で再生された環境の中で建築と人、自然との対話を喚起する壮大な装置として考えた。森の斜面に会議場、ホテル、店舗、植物館、野外劇場からなる全長800メートルの建築複合体が埋め込まれているのだが、地形をなぞるように控えめに配置されているため、中を歩く人に全体の形が見えることはない。分散した施設をつなぐのは、生命の象徴である水を湛えた水庭だ。この構成は、イタリアのティボリに遺された古代ローマ時代のハドリアヌス帝による、宮殿と庭園からなる遺跡、ヴィラ・アドリアーナから安藤がイメージしたものだ。それぞれの施設が独立した世界をもちながら、有機的に重なり合うことで全体として大きな魅力を獲得している。

1995(平成7)年の阪神淡路大震災により計画は一時中断。敷地内に見つかった活断層を避ける形に修正されて設計は再開された。その間に苗木は生長し、12年をかけて建設された夢舞台は、緑の森に覆われた。「淡路夢舞台」の中で「百段苑」と名付けられた100区画の花壇は、阪神淡路大震災で亡くなった人々の鎮魂のモニュメントである。

Photo: Kaori Ichikawa

- ●所在地　兵庫県淡路市夢舞台4
- ●電話　0799-74-1200
- ●入館料　600円
- ●開館時間
  10〜18時(最終入館17時30分)
- ●休館日　7・11月の第2木曜日
  (祝日の場合は翌日休)

奇跡の星の植物館

Photo: Mitsuo Matsuoka

人と自然の共生をテーマに自然の魅力を五感で体感できる植物館。淡路島の伝統芸術とのコラボレーションも行う。

Chapter 2 / Kobe

第3章
日本の美を継承する芸術の島

Chapter 3 / Naoshima
Art Island with Japanese Beauty

直

直島上空より。大正から昭和にかけ緑が失われたが、現在では現代アートが点在する緑豊かな姿を取り戻している。2012年撮影

Photo: Kaori Ichikawa

「子どもの頃、夏になるとよく友人たちと連れ立って阪神間の浜に泳ぎに出かけた。遠くに淡路島の島影を望む穏やかな内海の風景の中で、日が暮れるまで海で遊んだ。だから私は、瀬戸内海に対して特別な思い入れがある。やがて建築を志して世界を旅するようになり、その先々で数え切れないほどの"風景"に出会い、魅了されてきたが、子どもの頃に見た瀬戸内海の風景はそのどれにも代えがたい美しさをもっていたと思う」

島

"When I was a child, I used to go swimming with my friends
at the beach between Osaka and Kobe.
In a peaceful landscape of the inland sea commanding a distant view of Awajishima,
we usually played until sunset.
That is why I have an emotional attachment to the Seto Inland Sea.
As an architect traveling around the world,
I have encountered and been fascinated with countless landscapes.
However, I believe the landscape of the Seto Inland Sea in my childhood has a real beauty
for which there is almost no substitute."

第3章　直島　序文

瀬戸内海の直島。島で一番の頂きに登ると、眼下に安藤忠雄設計の「地中美術館」の地表からわずかに露出した部分がのぞいているのが目に入る。

瀬戸内の海はどこまでもコバルト色、直島を覆う表土は花崗岩質で白っぽく、ところどころが樹林と芝生で覆われている。そこに埋め込まれた「地中美術館」は、見方を変えると建築の軀体が土に還ったようにも見えるし、古代の墳墓のようにも見える。埋蔵されているのは、クロード・モネ、ジェームズ・タレル、ウォルター・デ・マリアの珠玉の作品である。

現代美術の鑑賞にこれ以上の環境はあるまいと、安藤の「地中美術館」の来訪者は直感する。いや、この美術館だけではない。島全体もそうだ。紛れもなく日本が誇る瀬戸内海の穏やかな自然のそこここに、世界的なアーティストの作品が配されているすばらしさを知り、自身がそこに立ち会っている幸福感に浸るのである。

実父の初代社長の急死で福武書店を継ぐことになったベネッセの総帥、福武總一郎も、安藤忠雄も、瀬戸内の自然こそが、現代美術を配する至上の「背景」であると認識したところから直島の仕事は始まり、今なお継続している。この瀬戸内海への評価は、福武書店が岡山を発祥の地とし、安藤が大阪を活動の拠点にしていることと深く関わっている。大阪から兵庫、岡山、広島、香川、松山と続く瀬戸内海沿岸こそが、平安の昔から今日へと継承される「文化の孵化器」であることを、瀬戸内を熟知している関西人は信じて疑わないからだ。

江戸期の竹原（広島県）には文人墨客が集まり、倉敷（岡山県）は天領の時代から今日に至るまで、わが国には稀な長きに及ぶ建築遺産を集積している。第2次世界大戦後も自治体の首長らが丹下健三のパトロンとなり、瀬戸内一帯で代表作が実現した。そうした文化のパトロナージュのたしなみを身につけた福武は、迷うことなく、直島の

島は蘇り、芸術と人は活気づく

Introduction

文／松葉一清

Text by Kazukiyo Matsuba

ミュージアム化のプロジェクトを安藤に委ね、1992（平成4）年の「ベネッセハウス」とホテル棟を手始めに複数のプロジェクトが実現した。名作を大地に埋蔵する2004年の「地中美術館」はその一つの集大成であり、その後も「李禹煥美術館」、さらには安藤自身の作品のための美術館も2013年春には完成する。福武と安藤の二人三脚による直島のアートサイト化は広がりと深まりを増している。

　前回の「瀬戸内国際芸術祭」期間中、驟雨が高松港のフェリー岸壁を洗うのを、わたしはホテルで朝食をとりながら眺めていた。まだ7時にもならぬ早朝だったが、数分もしないうちに信じられない事態が起きた。透明の雨合羽を着込んだ若者たちが次々とやって来て長蛇の列をつくった。列のお終いのほうは庇もないところで、雨に打たれながらひたすら乗船時間が来るのを待っていた。

　彼らの向かう先は、芸術祭の会場となっている直島を中心とする島々だ。芸術関係の領域で前向きな事象が確かめられない近年のわが国において、久しぶりに未来への光明を見いだした気がした。思えば、30年近く前、初めて直島を訪ねたときは、行き交うひとも数えるほどしかなく、フェリー待ちの時間にボラらしき稚魚を透明度の高い岸壁で眺めていたことを思い出した。島の一角を占めた銅の精錬工場の排煙で島の緑は枯れ、訪れる観光客も皆無に近かった。

　それがアートで蘇り、悪天候をついてでも島を目指す若者が現れた。芸術祭期間中だけではなく、連日、直島に安藤の建築と現代美術の作品を鑑賞しようと、海外組を含めて訪問者はひきもきらない。瀬戸内の豊かな文化的な文脈を踏まえたアートサイトの建設が、産業の災禍によって一度は荒廃した島を再生させたのである。現代建築が地域再生の起爆剤となった好例であることに加え、今日の文化の到達点として記憶に値しよう。

第3章　直島　第1部

日本人の美意識

瀬戸内海は、江戸時代から明治にかけて訪れた多くの外国人が絶賛した"日本の宝"ともいうべき風景を多く有していた。江戸時代末期に来日したシーボルトも、当時の瀬戸内の風景に感銘を受け、「これまで見た中で最も美しい景色」と惜しみない賛辞を呈したという。来日した彼らはまた、家族や地域社会、命あるものに対する深い愛情をもち、自然とともに生きてきた世界でもまれにみる民族として、当時の日本人とその文化に対して敬意を表した。

だが20世紀の経済発展の過程で、日本の美しい自然環境はあちこちで破壊された。その傷跡は今でも生々しく残っている。瀬戸内海も例外ではない。かつての美しい風景は、工場からの亜硫酸ガスの排出や採石などによって緑が失われ、無残なはげ山と化した風景に取って代わった。しかし21世紀に入ると、産業構造の変化によって沿岸の工場が次々とアジア諸国へ移転し、瀬戸内の自然は少しずつではあるが回復しつつある。アジアの発展、日本の低迷が、皮肉にも自然環境の自力再生を促す結果となった。

島々がそうした自力再生の過程に入る以前、瀬戸内の真珠と呼ばれていた直島の地に、ベネッセホールディングスの会長・福武總一郎さんの発想により、"文化の森"をつくろうという構想がスタートした。私が福武さんに連れられて1988(昭和63)年に初めて訪れた時は、直島はまだはげ山の状態だった。そんな荒廃した島を前に福武さんは、「ここを世界の一流芸術家の表現の場とすることで、訪れる人が感性を磨くことのできる文化の島としたい」というのだから、当初は理解に苦しんだ。

しかし福武さんは強い信念をもっていた。「経済は文化の僕(しもべ)である」という彼の言葉

美しい
瀬戸内海の
風景の再生と
継承を
第一に考えた

Text by Tadao Ando

> 今こそ、かつて世界を魅了した、
> あの日本のよさを
> もう一度取り戻すことを
> 考えなければならない
> ── Tadao Ando

文／安藤忠雄

Part 1
Aesthetic Sense of the Japanese

"Now is the time to consider recovering the Japanese beauty, which once fascinated the world."

は、その信念を的確に表している。人間が生きるために本当に必要な力を生み出すのは経済ではなく芸術・文化なのだ、芸術こそ人生の道標となり、精神の栄養として人々の心を豊かにする──それはバブル絶頂期の当時において、時代の流れとあまりにもかけ離れた考え方であった。しかし私は福武さんの気迫と精神力に賭けてみたいと思うようになった。荒廃した島を豊かにし、現代アートの場にするという勇気が人々を惹きつける強い原動力となるのではないかと思ったのである。

島の自然の中に美術館と現代アートを点在させ、既存の古い建物を保存し、そこにもアートを挿入するといった福武さんの壮大な構想に圧倒されつつも私は共感を覚え、この仕事に関わることになった。以来現在に至るまで25年にわたり、この島のまちづくりに関わってきた。そして直島にとどまらず、隣の豊島(てしま)[*1]でも環境保全と芸術振興に関わっている。豊島は、産業廃棄物の不法投棄で問題となった。前世紀の社会成長がもたらした負の遺産を象徴するこの事件をきっかけとして、2000(平成12)年11月、瀬戸内海の植樹による自然再生を目的に、瀬戸内オリーブ基金が発足した。以来、一口1,000円からの寄付を集め、1本1本地道に木を植え続けている。ユニクロの店舗で募金箱を置いてくださっているのをはじめとして、さまざまな企業からのご協力も得ることができ、これまでで10万本以上の植樹を行っている。隣り合う二つの島での活動にはからずも関わることになったが、美しい瀬戸内海の実現に向け、わずかでも力添えできればと考えている。

そうした動きに先駆けて、福武さんはウォルター・デ・マリア[*2]、リチャード・ロング[*3]、草間彌生(やよい)[*4]といった最先端の現代美術作家たちに協力を呼びかけた。彼らも福武さんの情熱に押されて、参加してくれた。一方で私たちははげ山に苗木を植える活動を地道に

[*1] 瀬戸内海に浮かぶ周囲約20キロ、人口1,000人あまりの島。"福祉の島"としても知られる。

[*2] 1935-。アメリカの彫刻家・音楽家。ランド・アートのアーティストとして有名だが、インスタレーションやミニマルな彫刻も手がける。

[*3] 1945-。イギリスの彫刻家。自然と人間との関係をテーマとするランド・アートの第一人者として知られている。

[*4] 1929-。現代日本を代表する彫刻家、画家。水玉や網目のモチーフが特徴。ファッションデザインや執筆も行う。

進めながら、美術館やホテルの建築設計に携わった。私は「ベネッセハウス」、「家プロジェクト『南寺』」、「地中美術館」、「李禹煥美術館」、そして最新の「ANDO MUSEUM」に至るまで、一貫して美しい瀬戸内海の風景の再生と継承を第一に考えた。直島では、アートと自然と人間とが直接ぶつかり合い、刺激し合えるようなより高い次元の"可能性の場"の創出を目指した。そこで建築は人々の想像力を喚起し、アートや自然との対話を喚起するための装置として考え、抽象的な幾何学形態を組み合わせた建築を地中に埋没させて配するという構成を実現した。

今では木々もすっかり大きくなり、福武さんの類まれな情熱と行動力によって、当初のコンセプトは実現されつつある。直島はこれからも、人々の意識を変え、新しい時代をつくり上げる場としてさらなる成長を遂げていくことだろう。そしてここでの取り組みそのものが、地域文化発信のよい見本となることを私は願っている。

そんななか、2010（平成22）年に開催された瀬戸内国際芸術祭*5に90万人以上の人が訪れたのには驚いた。正直なところ開催される前は、はたして上手くいくのかと疑問に思っていた。島から島への移動手段は船に限られており、点在する島々が一体となって芸術祭を行う姿を私は想像できなかったのだ。豊島や犬島など七つの島を会場としたこの芸術祭の中核を担ったのは直島だ。そして福武さんが思い描いていた芸術の島としての役割を直島は今、しっかりと果たしている。

今こそ、かつて世界を魅了したあの日本のよさをもう一度取り戻すことを考えなければならない。その鍵は、内外から雑多な文化が流入し、成熟しきった大都市ではなく、かつての日本の美をわずかながらも継承する地域文化の復興にこそある。直島の一連の仕事を通して、私はそのことをあらためて認識させられた。

瀬戸内の
美しい風景を
再生する

Setouchi Olive Foundation

瀬戸内オリーブ基金

　産業廃棄物の不法投棄によって荒廃した豊島の自然を回復しようと、安藤や中坊公平らが呼びかけ人となり2000（平成12）年に始まった、植樹活動と自然保護活動の支援基金。植樹100万本を目指し、瀬戸内海の島々や沿岸での活動を支援している。

2000年　2011年

---

*5　瀬戸内海の島々を舞台として3年に一度開催される現代アートの祭典。次回は2013年で、春・夏・秋の3期にわたって開催される。

直島での25年間の集大成

Keyword #31

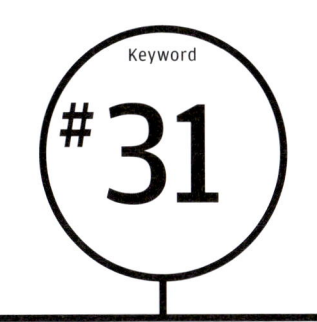

ANDO MUSEUM

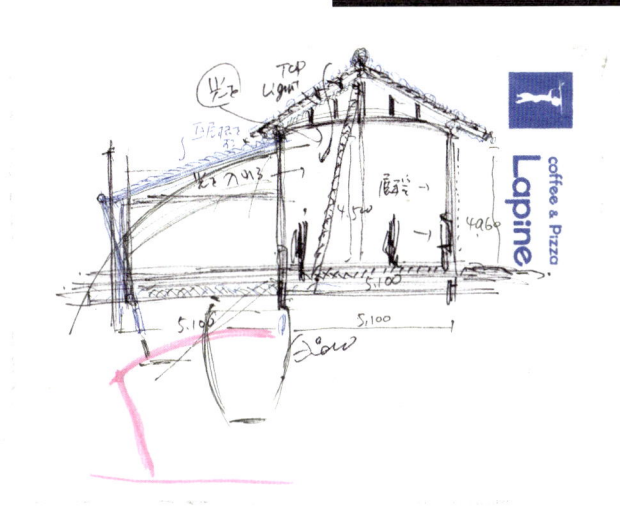

「古民家を保存・改修し、
人々が自然とともに営んできた
生活の風景を残していく。
その一方で、
内部に新しい命を吹き込み、
刺激的な展示空間として
再生する」
—— Tadao Ando

直島での8件目のプロジェクト

2013（平成25）年3月、安藤がこれまで関わってきた直島での25年間の集大成となるミュージアムがオープンする。コンクリートの建物を木造の民家が覆う。地域の歴史を刻み込んだ古い民家の外観をそのまま残しながらも、中に入ると新しい展示空間が展開するという二重構造になっている。民家を保存・改修し、人々が自然とともに営んできた生活の風景を残す一方で、内部に新しい命を吹き込み刺激的な展示空間として再生する——そのコンセプトをここでも踏襲した。館内には直島の一連のプロジェクトを含めたこれまでの取り組みを展示するほか、明治、大正、昭和期の直島の歴史を見ることができるものになる予定だ。

ANDO MUSEUM

- ●所在地
  香川県香川郡
  直島町736-2
- ●竣工
  2013年3月
- ●延床面積
  125.8㎡
- ●電話
  087-892-3754（福武財団）
- ●鑑賞料
  500円（15歳以下無料）
- ●開館時間
  10時〜16時30分
- ●休館日
  月曜日（祝日の場合は翌日休）

Chapter 3 / Naoshima

Keyword

#32

Benesse House

ベネッセハウス

「アートと自然と人間が直接ぶつかり合い、
刺激し合えるような
より高い次元の"可能性の場"の
創出を目指した」
—— Tadao Ando

ベネッセハウス オーバル
Benesse House Oval

ベネッセハウス パーク／ビーチ
Benesse House Park, Beach

斜面を利用した半地下構造のミュージアムから、宿泊施設の「オーバル」、「パーク」、「ビーチ」が緑を介してつながっている。

Photos: Kaori Ichikawa

直島での挑戦はここから始まった

ベネッセハウス ミュージアム
Benesse House Museum

円筒状の薄暗い空間でネオンが点滅するブルース・ナウマンの作品《100生きて死ね》(1984年)。
Photo: Kaori Ichikawa

©Bruce Nauman / ARS, New York / JASPAR, Tokyo 2013

ベネッセハウス ミュージアム

Benesse House Museum

↑左：環境と一体化した外観。右：ジョージ・リッキー作《三枚の正方形》(1972-1982年)。屋外にも多数の作品を展示する。

●所在地	香川県香川郡直島町琴弾地
●竣工	1992年3月
●延床面積	3,643.4㎡
●電話	087-892-3223
●鑑賞料	1,000円
●開館時間	8〜21時(最終入館20時)
●休館日	無休

←展示室内部。半地下でありながら明るい自然光が降り注ぐ。

刻々と変化する空を映す楕円形の水盤。直島の自然の中に、幾何学的に抽象化された自然が現れる。

ベネッセハウス オーバル
Benesse House Oval

↑左：海と空と一体となる屋上庭園。右：客室は全6室。楕円の外に向かって開かれている。

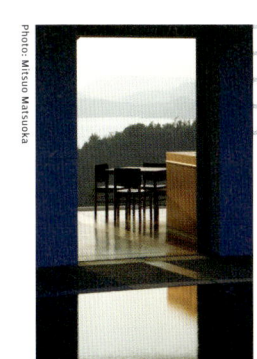

- ●所在地　　香川県香川郡直島町琴弾地
- ●竣工　　　1995年6月
- ●延床面積　597.8㎡
- ●電話　　　087-892-3223

←客室からの眺め。テラスに出て雄大な海と緑を一望できる。

Photo: Mitsuo Matsuoka

Chapter 3 / Naoshima

傾斜屋根をもつ「パーク」の建物の前には水盤が広がる。

ベネッセハウス パーク／ビーチ
Benesse House Park, Beach

●所在地	香川県香川郡直島町琴弾地
●竣工	2006年4月
●延床面積	4,760.4㎡
●電話	087-892-3223

Photos: Mitsuo Matsuoka

Keyword #32

瀬戸内の海と空、木々の緑と呼応する滞在型美術館

直島での一連のプロジェクトで、最初に建築されたのが「ベネッセハウス ミュージアム」である。島の南端部、三方を海に囲まれた岬の上に地形に沿ってつくられ、建物の半分が地中に埋め込まれている。内部に宿泊施設をもつ、滞在型の美術館であるという点が特徴だ。

来館者は船を下り、桟橋から階段状の広場を通って美術館へと向かう。外壁は白大理石の乱積み。大地に切り込むような壁や丘の上に載せられたスラブなど、アプローチに散りばめられた建築のエレメントが自然の風景を際立たせている。

半地下にありながら、建物の内部は明るく開放的だ。地形に合わせて幾何学形態を組み合わせた空間に、テラスを介して海辺の風景や自然光が入り込み、館内のどこにいても自然とのつながりを感じられる。屋根には周囲の緑と一体となる屋上庭園が配された。

館内の宿泊施設を増強させるかたちで、ミュージアムの完成から3年後の1995(平成7)年、背後の丘にモノレールで結ばれた宿泊棟「オーバル」がつくられた。その名の通り楕円をモチーフとした建築で、楕円形の水庭を囲むように宿泊室が並ぶ。

楕円の周囲は正方形の壁で囲われ、アプローチを彩る滝や海を見渡すテラスが設けられている。水庭と外壁の間には植物が生い茂る庭があり、屋上にはミュージアムと同じく自然と連続する庭園が広がる。

さらに2006(平成18)年には、新館として宿泊施設「パーク」、「ビーチ」棟がつくられた。「パーク」は「ビーチ」と同様に傾斜屋根を架けた木造2階建てで、緑の芝生と海、そして山々を見渡す。「ビーチ」では海面と目の高さをそろえているため、瀬戸内海の中に漂うような感覚を得られる。

直方体やシリンダーの単純な形の建築を重ねた「ベネッセハウス」のスケッチ。

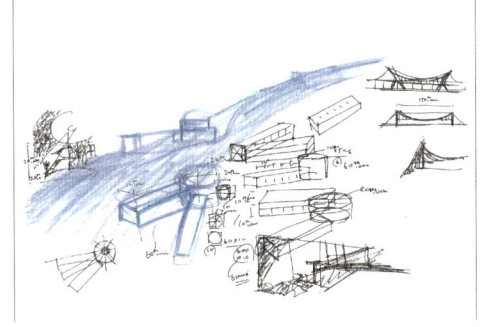

←左：「ビーチ」のスイートルーム。右：「パーク」と「ビーチ」の間にあり、瀬戸内海を一望するテラスレストラン。

Chapter 3 / Naoshima

Keyword
#33

Art House Project "Minamidera"
家プロジェクト「南寺」

「人々の記憶、
イマジネーションの中に、
この場所がある」
—— Tadao Ando

島の歴史と記憶を継承する焼杉板の家

Art House Project "Minamidera"

家プロジェクト「南寺」

- ●所在地　　香川県香川郡直島町本村地区
- ●竣工　　　1999年3月
- ●延床面積　163.0㎡
- ●電話　　　087-892-3223（ベネッセハウス）
- ●入館料　　家プロジェクト共通チケット（「きんざ」を除く）1,000円、ワンサイトチケット（「きんざ」以外の1軒のみ鑑賞可能）400円。どちらも15歳以下無料
- ●開館時間　10時～16時30分
- ●休館日　　月曜日（祝日の場合は翌日休）

民家の再生による家プロジェクトでは、「南寺」は例外的に展示作品に合わせて新築された。

Photo: Kaori Ichikawa

Keyword #33

町に溶け込む現代アート空間

「家プロジェクト」の舞台は、直島で300年の歴史をもつ集落・本村地区。古い家屋をアート空間に変えるプロジェクトで、他の6軒では古民家などが使われたが、安藤は例外的にジェームズ・タレルの作品を展示する「南寺（みなみでら）」を新築した。

敷地はかつて実際に南寺という寺院のあった場所だ。南寺は長い間、島の人々の精神的な拠り所として存在し、建物がなくなってからも南寺と呼ばれ続けていた。そこで安藤が考えたのは、南寺という名前も含めて、人々の記憶やイマジネーションの中にあるこの場所を今につないでいくこと、そして島の時間を受け継ぎ、直島の歴史や自然と呼応する家を設計することだった。

敷地と隣地の家との境には、古い土塀が残されていた。そこで、建物は深い軒を設けるほかは単純な黒い長方形とし、土塀と建物の間を回って建物に入るアプローチを設けた。土塀を横に見ながら軒下を歩く過程で、島の歴史と時間の経過を体感できる仕組みだ。

↑家プロジェクトの舞台、本村地区。

外壁には集落では一般的な焼杉板が使われた。内部はジェームズ・タレルの作品《バックサイド・オブ・ザ・ムーン》に合わせて設計されている。家の中に入ると、完全な暗闇に包まれる。そこから、時間をかけて光を発見するプロセスが展開される。

「家プロジェクト」では、江戸から明治にかけての記憶の刻まれた町並みが継承されることで、アートが町を活性化することが証明された。

その他の家プロジェクト

角屋
築約200年の家屋を修復した、家プロジェクトの第1弾。アーティスト・宮島達男の作品を展示。住民が制作に参加した作品も含む。

きんざ
築100数十年の家屋の構造を残して作品化。内部にアーティスト・内藤礼の作品を展示している。完全予約制で、一人ずつ鑑賞する。
- 鑑賞料　500円
- 開館時間　11〜13時、14時〜16時30分（一人ずつ入館し、15分間鑑賞）
- 休館日　月〜水曜日（祝日の場合は開館）

護王神社
護王神社の改築に合わせ、現代美術作家・杉本博司が設計。本殿とガラスの階段で結ばれた石室を抜けると海の景色が広がる。

石橋
明治時代に製塩業で栄えた石橋家の家屋を、直島の歴史の一つとして再建。空間デザインも手がけた日本画家・千住博の作品を展示。

碁会所
島の人々が碁を打っていた場所を木彫作家・須田悦弘が作品空間としてデザイン。須田の作品《椿》と庭の五色椿が対比されている。

はいしゃ
歯科医院兼住居であった建物を、美術家・大竹伸朗が作品化。《舌上夢／ボッコン覗》と題して、遊び心あふれる作品に仕上げた。

本村ラウンジ&アーカイブ
農協のスーパーマーケットの建物に建築家・西沢立衛が空間をデザイン。直島関連グッズの販売のほか、家プロジェクトのチケットを販売。

- 所在　香川県香川郡直島町本村地区
- 電話　087-892-3223（ベネッセハウス）
- 鑑賞料　家プロジェクト共通チケット（「きんざ」を除く）1,000円、ワンサイトチケット（「きんざ」以外の1軒のみ鑑賞可能）400円。どちらも15歳以下無料
- 開館時間10時〜16時30分
- 休館日　月曜日（祝日の場合は翌日休）

敷地に遺されていた古い
土塀と建物の間を通るア
プローチ。
Photos: Kaori Ichikawa

Keyword
#34

Chichu Art Museum

地中美術館

Photo: Kaori Ichikawa

想像力を喚起する"見えない建築"

「地中にどのような
空間を生み出し、
そこにいかに
光を取り入れていくかを考えた」
—— Tadao Ando

緑の中に埋め込まれた正三角形や正方形、長方形などの幾何学的な構造は、地下空間でつながっている。2012年撮影。

Keyword #34

抽象化された自然とつながる"光"が主題の地下空間

　これまでの安藤の地中空間への志向が突き詰められ、建物全体を完全に地中に埋め込んだ美術館。段状の塩田の遺構が残る丘の上に位置し、外側からは建物はほとんど見えない。「ベネッセハウス」#32の"直島の風景に溶け込む建築"というテーマが、さらに高度に実現されている。

　来館者は、空に開かれた屋外通路を通って地下の展示室に入る。地中には正方形や正三角形の幾何学的な展示空間が、それぞれ独立しながら、中庭の"間"でつながれている。この中庭が光を取り入れるとともに、風や雨などの自然の要素や気配を五感で感じさせる役割を担う。地中空間であればこそ、安藤が追究してきた建築と環境との関わり、内と外とのつながりが重要となる。地中の幾何学空間を中庭でつないだ構成は、建築全体に環境が浸み込んでくるイメージだ。

　建築には、安藤作品を構成するおもな素材であるコンクリート、鉄、ガラス、木が用いられた。主題とされたのは"光"である。地下に連なる暗闇の迷路に差し込む、ひと筋の光。その量感と質感、階調によって、極限までそぎ落とされた空間に奥行きと抑揚が生み出された。自然光を取り入れることで、季節や天候で大きく変わる空間の妙味も演出できる。

　館内には、印象派のクロード・モネ、現代美術作家のウォルター・デ・マリア、ジェームズ・タレルの3人の作品が恒久展示されている。モネを除く二つのアートスペースは、安藤と作家との妥協のない共同作業から生まれたものだ。来館者はモネが《睡蓮》を描いていたのと同様に、自然光のもとで作品を鑑賞することができる。

↑四角いコートや傾いた壁に挟まれた通路を通るアプローチが非日常へと誘う。

Photo: Mitsuo Matsuoka

Photo: Michael Kellough

↓時間や天候によって移り変わる空の色と光を体感する《オープン・スカイ》（2004年）ナイトプログラム。

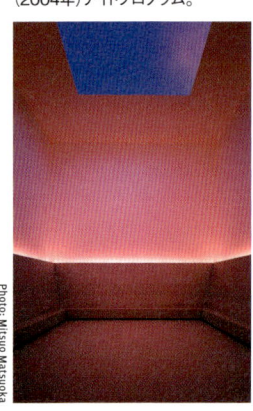

Photo: Mitsuo Matsuoka

ジェームズ・タレル

James Turrell

ウォルター・デ・マリア

Walter De Maria

↑安藤の建築とコラボレートした作品《タイム／タイムレス／ノー・タイム》（2004年）。

クロード・モネ

Claude Monet

Photo: Mitsumasa Fujitsuka

↑やわらかな自然光が満ちる空間で鑑賞する《睡蓮》シリーズ。

Chichu Art Museum

地中美術館

- 所在地　香川県香川郡直島町3449-1
- 竣工　2004年6月
- 延床面積　2,573.5㎡
- 電話　087-892-3755
- 鑑賞料　2,000円
- 開館時間　10〜18時（最終入館17時）、10〜2月は10〜17時（最終入館16時）
- 休館日　月曜日（祝日の場合は翌日休）

Keyword #35

Lee Ufan Museum

李禹煥美術館

直島に加わったもう一つの地中美術館

「地中美術館」と「ベネッセハウス」の間につくられた、日本とヨーロッパを中心に活動するアーティスト・李禹煥の作品を展示する美術館。単に作品を見せるだけでなく、作品と向き合い、静かに瞑想できるような空間にしたいという作家の意向に応え、海と山に囲まれた隠れ家のような谷間の敷地が選ばれた。

　安藤は李の作品における"余白"に注目した。大陸的な感性に対し、自然と寄り添って共生してきた日韓両国に共通する文化的特質である余白。そこから無限の想像力を喚起させるための空白。そんな余白の文化を継承し、静謐の中に激しさをもった李の作品に応えるには、大地をくり抜いて生み出す闇の空間、すなわち地中の建築こそがふさわしいと考えたのだ。

　エントランスでは、コンクリートの壁が屹立する四角形の広場に迎えられる。石と鉄、18.5メートルもの柱がそびえる余白を生かした空間は、李の作品の一つだ。作品の後ろから、折れ曲がった通路を歩くと三角形の中庭があり、そこが展示室の入り口となっている。中庭や通路にも、李の石と鉄の作品が置かれている。作品を鑑賞しながら通路を奥へ奥へと進み、洞窟の中に入って行くような感覚に包まれる。

　天窓から自然光を取り入れた展示室には、作家の初期から現在までの作品を展示する。ほかに「沈黙の間」や「瞑想の間」がつくられている。

Photo: Kaori Ichikawa

↑海と山に囲まれた谷間に建つ美術館。上空からの写真。

↓李禹煥によるインスタレーション作品《関係項―沈黙》(2010年)。作品が建築と響き合う静謐な空間が広がっている。

Photo: Shigeo Ogawa

李禹煥
Lee Ufan / 1936-

韓国生まれ。美術家。1970年代の美術動向「もの派」を理論的に主導し、日本の現代美術に影響を与えた。2001年、高松宮記念世界文化賞受賞。多摩美術大学名誉教授。

Lee Ufan Museum

李禹煥美術館

●所在地	香川県香川郡直島町字倉浦1390
●竣工	2010年6月
●延床面積	443.0㎡
●電話	087-892-3754(福武財団)
●鑑賞料	1,000円
●開館時間	10～18時(最終入館17時30分) 10～2月は10～17時(最終入館16時30分)
●休館日	月曜日(祝日の場合は翌日休)

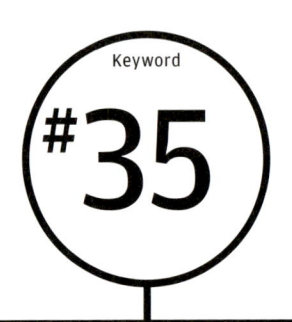

静謐の中に激しさを湛えた"余白"の建築

「李禹煥の作品に関して、
とりわけ興味を惹かれるのは
彼がいうところの"余白"である」
―― Tadao Ando

「柱の広場」の作品〈関係項―点線面〉(2010年)。安藤の設計によるコンクリートの壁に囲まれた四角い広場に李禹煥が六角柱と自然石、鉄板を配置した。
Photo: Shigeo Ogawa

第3章　直島　第2部

島民の誇りの源

既存の風景や都市の記憶を継承して保つため、計画する建築を地中深く埋設するというアイデアは、私がいくつものプロジェクトで挑戦してきたテーマだ。実現こそしなかったが、「中之島プロジェクト」もその一つだ。もう一つ、純粋な建築とは異なるが、地下空間の創出というテーマで1995(平成7)年に自主提案した「大谷地下劇場計画」がある。フランク・ロイド・ライトの旧帝国ホテルの外壁に使われたことで知られる、栃木県の大谷石の採掘場に関わる提案で、計画的に石を切り出すことで、自動的にあとに残る空隙を劇場とするという計画だ。実現には至っていないが、私はあきらめずにチャンスが訪れる日を待っている。

直島では建築物の姿はほとんど見えない。見えないがゆえに、訪れる人は知らないうちに美術館の内外に導かれ、アートと土地、そして風景との関わり合いを楽しむことができる。アートもまた、美術館に縛られることなく、瀬戸内の自然を背景としたこの土地一帯がアーティストの発表の舞台となる。そこでアーティストは、作品にふさわしい場所を自由に獲得することが可能であり、ときには場所に触発されて、そこでしかできない作品を創造することができる。アートと建築、自然のそうしたコラボレーションが場を活性化していくのである。

> 芸術文化はまちづくりの原動力ともなりうる

フランスの大使を「地中美術館」にご案内した時、クロード・モネの《睡蓮》をご覧になって、こんなに大きな《睡蓮》が日本にあるのかと驚いていておられた。"光の画家"と呼ばれるモネに代表される印象派の芸術家たちは、東洋の文化国家、日本に憧れを抱いていた。経済の国としての立場を示せなくなりつつある日本が、国際社会での存在感

*1　1840-1926。フランスの印象派の画家。自然の中で輝く光の描写に生涯を捧げた。代表作は《睡蓮》連作。

アートと建築、自然のコラボレーションが場を活性化していく
—— Tadao Ando

文／安藤忠雄　　　　　　　　　　　　　　　　Text by Tadao Ando

Part 2
The Origin of Islanders' Pride

"Collaboration among art, architecture and nature vitalizes places."

を保つためには、かつての文化力を取り戻す必要がある。この《睡蓮》を見ていると、福武さんはそうしたことに気づいていたように思えてならない。

　直島の取り組みの中で、とりわけ高く評価されているのは民家の保存活動であり、そこに展示されている現代アートである。島には築100年以上の古い民家がたくさん残っていた。福武さんは、これらを現代アートの展示場として改修することで、昔ながらの風景を、現代アートの力によって新たな解釈を取り入れながら再生できるのではないかと考えた。それぞれの民家では著名な現代アーティストたちが独特の展示を行っている。今や民家を巡る多くの人々の姿が、町内の新たな風景の大きな要素となっている。

　こうしたプロジェクトが発表された当初は、島民から反対の声が上がった。だが島に人が訪れるようになるにつれて、島民は自発的に民宿や喫茶店、レストランを営むようになり、「直島のれんプロジェクト」のために、70歳を超える人々が家の前にのれんを出すようになった。島民は次第に自分の島に誇りをもつようになったのである。直島での一連のプロジェクトが何より意義深いのは、過疎化や高齢化で活力を失っていた島にとって、外部の人を呼び込み、若者たちをも引きつけて地域活性の役割を果たしつつあることだ。芸術文化がまちづくりの原動力ともなりうることを、あらためて教えられた。

#36

#31

　現在は、直島で私が関わる8件目のプロジェクトとして、「ANDO MUSEUM」の建設が進んでいる。次に続くかどうかは分からないが、これからもこの島と関わっていきたいという思いは強くもっている。真に豊かな人生を歩んでいくためには、つねに新しい世界を求めて考え続けていかなければならない。直島は自分の想像力を広げるための最良の舞台となってくれるはずだ。

大谷地下劇場計画

採掘場の空隙を利用する地中の建築空間

栃木県宇都宮市にある、大谷石の地下採掘場に対する提案。採掘事業で生じた隙間を、そのまま建築空間とする逆転の発想で自由な地下空間をイメージした。法規的な問題から計画は見送られた。

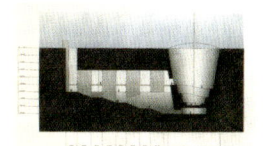

●計画地　栃木県宇都宮市　●計画　1995年2月-　●延床面積　4,750.0㎡

Keyword
#36

Naoshima Noren Project

直島のれんプロジェクト

島の風に
揺れるのれんが
過去と現在を
つなぐ

「歴史が現在とつながることで、
新しい力が
町に生まれてきた」
—— Tadao Ando

多彩なのれんと古民家の取り合わせは、見て歩くだけでも楽しい。住民が主体となって進めている活動。

住民みずから町に彩りを添え、活気をよみがえらす

古民家が点在する本村(ほんむら)地区では、色とりどりののれんが出迎えてくれる。もともとは2001（平成13）年、「直島コンテンポラリーアートミュージアム（現・ベネッセハウスミュージアム）」の10周年企画として開催された、施設や家、路地など島全体を舞台とした展覧会「スタンダード」展の関連プロジェクトだった。本村地区の民家14軒の軒先に染織家の加納容子が制作したオリジナルののれんが掛けられ、その後、2004年に現在の直島のれんプロジェクト実行委員会が発足し、軒先を彩るのれんは年々その数を増やしている。ほかにも表札とは別に、昔ながらの各家の屋号を記したプレートを掲げる屋号プロジェクトなど、本村地区では過去と現在をつなぐ仕掛けをそこかしこで目にする。

写真：『直島インサイトガイド』より。 Photos: Haruki Kodama, Kazuhisa Natori, Gorta Yuuki

第4章
東京

Chapter 4 / Tokyo
Growing Mature City

成熟する都市

"Shinkansen lines and
belt highways were
constructed
for the Tokyo Olympics.
The city was cheerful,
and the whole nation was bustling
with activity.
Japan continued
its vigorous growth
toward the Osaka Expo
even after the Tokyo Olympics.
Japanese people of those days
were all positive and lively.
New talents emerged in
architecture and contemporary art.
It was a period
for the young, to gather to talk
about their dreams.

1965年

東海道新幹線の開業から
1年後、東京－大阪間を
初めて3時間10分で走行
した、ひかり1号。写真：
朝日新聞社提供。

「東京オリンピックに向けて新幹線が整備され、環状道路が開通した。都市は喧騒状態にあり、国全体も元気だった。オリンピックが終わってもその勢いは止まらず、今度は大阪万博に向けて国民が沸き立っていた。当時の日本人は皆が前向きで、顔もいきいきしていた。建築や現代美術界では新しい才能が輩出した。若者は集まっては夢を語り合った——そんな時代だった。」

1967年

銀座中央通りを走る都電。交通量の増加のため、路面電車は1967年末から順次廃止されていった。写真：朝日新聞社提供。

第4章　東京　序文

東京・調布に「安藤忠雄ストリート」と呼ばれる街路がある。最寄り駅は新宿から京王電鉄で20数分の仙川。郊外に広がった住宅地を南北に貫く自動車道路沿いに6件の安藤の作品が集まっている。

この通りの出発点となった個人ギャラリー「東京アートミュージアム」を筆頭に、市営の「調布市せんがわ劇場」、低層の集合住宅「シティハウス仙川」、細長い三角形の敷地をそのまま呼称とした「仙川デルタ・スタジオ」が道路の両側に軒を連ね、新たに中層大規模マンションの「シティハウス仙川ステーションコート」も加わった。

美しいコンクリートの肌と、半透過のガラス窓が道路の両側に連続している。これだけの規模で、モダニズムに依拠した建築作品が短期間に出現し、街並みを形成した例は世界でも稀だろう。

安藤の美学が都市の皮膜となり、往来する通行人を引き立てている。近在の散歩のひとたちも「安藤忠雄ストリート」の存在をよく知っていて、他所から見学に来た若者がカメラを構える姿を眺め、どこか誇らしげでもある。

大阪出身の安藤が語る東京体験は「ストリート」の光景だ。東京五輪が開催された1964(昭和39)年に、彼は表参道を訪れ、同潤会青山アパートが表通りに沿って古ぼけた肌をさらしていた姿が、強烈な第一印象として脳裏に刻まれているという。

関東大震災の復興期に、義捐金を使って建設された同潤会青山アパートは、1930年代のモダン東京の都市生活を先導する存在だった。コンクリートの集合住宅の住み手がジャズに耳を傾け、カフェにたむろして、流行の世相をつくっていった。そのような新たな都市生活の象徴が、同潤会のアパートメントハウスだった。初訪問時に、安藤の建築家としての嗅覚が働き、東京の都市生活の原点がそこにあることを直感した。この体験が以後の東京での活動の出発点となった。

縁あって、その同潤会青山アパートの跡地に「表参道ヒルズ」を設計したことは興味

「都市の子」が原点のストリートを構成する

Introduction

文／松葉一清

深い。商業施設「表参道ヒルズ」の一角を、かつてのアパートの扉などのパーツを組み込んで往年の姿を彷彿とさせる「同潤館」が占めている。保存を求める声への応答だが、それ以上に、安藤の都市東京を敬愛する気持ちがそこに込められた。「表参道ヒルズ」のやや変則とも思える三角形のアトリウムは、かつて青山アパートの敷地内で、数棟が囲んでいた広場の形態を踏襲している。これもまた都市の記憶の継承に対して建築家が発した決意表明と受け取れよう。

それだけの思いが表参道というストリートに託されているだけに、自らの名を冠した「安藤忠雄ストリート」が仙川の地で着々と距離を延ばしている姿を目の当たりにすると、彼ならずともある種の感慨を抱くだろう。

思えば、東京大学本郷キャンパスの「福武ホール」の長大なコンクリートの壁も、そこをストリートと見なした選択だ。戦前のゴシック・リバイバルの校舎がならぶキャンパスに、現代のテクスチュアとリズムを持ち込み、ストリートを明確に設定する試みである。

「東京ミッドタウン」の緑地の一隅に、地下のギャラリーを核とする「21_21 DESIGN SIGHT」を配したのは、開発によってもたらされたオープンフィールドを味方につけ、聳え立つ高層複合ビルに一歩も引かない形で珠玉の作品を対峙させる意思表明だ。都市の公共的な空間を前提に、自作を孤立させずに設計する思想は、ストリートの構築と根底のところで繋がっていよう。

大阪下町の路上を遊び場として育った「都市の子」である安藤の、東京における活動の次なる節目は上野公園に近接する「国際子ども図書館」の増築になるだろう。明治時代に着工されながら計画半ばで終わった「帝国図書館」本館の改装は安藤の手で終えられたが、今般、その本館の背後に安藤設計の新棟が中庭を囲う形式で計画されている。大阪の都市の子が、都市の喧騒から切り離された場を東京上野を舞台にどう仕立てるのか、完成が待たれる。

Text by Kazukiyo Matsuba

第4章　東京　第1部

人間力と技術力

1　960年代、日本の国は活力にあふれていた。日本人は、1945（昭和20）年の敗戦から立ち上がり、持ち前の勤勉さと忍耐力をもって急激な経済成長を成し遂げようとしていた。日本人はよく、個性がなく独創性に欠けるといわれるが、いざ目標を定めた時の団結力と実行力は眼を見張るものがある。

まだ戦後復興の真っ只中にあった1950年代、あたりには焦土が残り、人々は貧しかったが、海外から訪れた外交官や商社マンは口をそろえて「この国は必ず復活する」といったそうだ。「大人たちは勤勉でよく働く。子どもたちの目は輝き、大人をよく支えている」からだという。この、逆境から立ち上がる人々のエネルギーが、そのまま社会全体の活力となって萌芽したのが1960年代だった。

その時代、資源・エネルギーのないこの国が唯一誇ったのが人間力、つまり人材だった。素材を輸入して国内で加工し、そして輸出する。日本は世界の生産工場としての役割を見事に果たしていた。東京はその発展の中心として、世界有数の大都市へと変貌を遂げつつあった。

この当時、建築界も活気にあふれていた。丹下健三*#2*をはじめとして菊竹清訓、磯崎新*1*、黒川紀章*2*、槇文彦*3*といった建築家が活躍し、私はそれを尊敬と憧れの目で見ていた。何年もあとになって、東京で仕事をするチャンスが巡ってくるとは、この時は思いもしなかった。

偉大な建築との出会いと、その感動は心に強く残り、いつまでも色褪せないものだ。私にとって、丹下健三の建築との出会いが、それだった。1964（昭和39）年、東京オリンピックが開催された年に、私は東京を初めて訪れた。その時に見た代々木体育館の威

> 偉大な建築との
> 出会いと、
> その感動は
> 心に強く残り、
> いつまでも
> 色褪せない

---

*1　1931-。ポストモダン建築を牽引した建築家の一人。ロサンゼルス現代美術館の設計を担うなど海外でも活躍中。

*2　1934-2007。丹下健三の後継者の一人。中銀カプセルタワービルや国立新美術館など国内外で多くの建築を手がけた。

*3　1928-。ハーバード大学で建築を学び、同大学ほかで講師も務める。おもな作品にテレビ朝日社屋、幕張メッセなど。

「資源・エネルギーのないこの国が
唯一誇ったのが人間力、
つまり人材だった」
—— Tadao Ando

文／安藤忠雄　　　　　　　　　　　　　　　Text by Tadao Ando

Part 1
Human Power and Technique

"The country without natural resources and energy were rich in human power, that is, human resources."

容は今でも心に焼き付いている。当時の最高峰の技術と、丹下健三の造形力と構想力が共鳴することで実現した、まさに戦後の日本を代表する建築といえる。

　1997(平成9)年から5年間、東京大学で教鞭をとったが、そこで対話した東大の学生たちは、つめこみ式の勉強をしてきたせいか知識量は多いが、創造性や感受性に乏しい。いわゆる右脳型ではなく左脳型で、仲間同士で喜び合ったりぶつかり合ったりといった人間的な経験が少ないように感じた。#37 東京大学に建てることになった「情報学環・福武ホール」では、建築として単純にその主機能を内包するだけでなく、構内道路に面した「考える壁」と建物本体の間に地下に広がる階段広場を設けることで、学生たちが語り合う"対話の空間"を創出できないかと考えた。多くの人がここに集い、年齢や分野などの境界を超えたさまざまな対話が生まれることを意図したのだ。

　私は、建物の形やボリュームをその機能や敷地の条件、周辺環境によって判断する。今回の敷地の周囲は、現存する東京大学最古の建築物である赤門をはじめ、既存の校舎が樹齢100年を超える巨大なクスノキの深い緑に覆われ、独特の景観を生み出していた。長い年月をかけて守られ、人々に愛されてきたこの風景を損ねないよう、周辺に違和感なくなじむよう、計画上、最大限配慮した結果、建築の形が導かれた。

　「考える壁」は結界としてではなく、壁の背後に広がる地下空間とキャンパスとをつなぐ"間"の創出を意図したものだ。建物2階の廊下からは「考える壁」越しに内田祥三設計*4の総合図書館や、大谷幸夫設計の法学部4号館を眺めることができ、立体的に東京大学の歴史と対話する装置になる。キャンパス内に空白の場を創り出す、この「考える壁」の向こうで、学生たちの活発な知的活動が展開するのを期待している。

---

*4　1885-1972。安田講堂をはじめ、"内田ゴシック"といわれる建物を東京帝国大学(現・東京大学)構内に建築。同大学総長も務めた。

第1部　人間力と技術力

　日本はこれまで建築、家具、自動車、ファッションなどさまざまな分野において、世界で通用する数々の優れたデザインを生み出してきた。そうした日常生活を豊かにするデザインの力を手がかりに21世紀日本の新たな文化拠点をつくり出そうとして生まれたのが「21_21 DESIGN SIGHT(トゥーワントゥーワン デザイン サイト)」である。当初の構想はデザインのための美術館で、デザイン文化の促進を目的として、三宅一生(みやけいっせい)さん[*1]たちの発案で始まった企画であり、三井不動産の主導のもとに、三宅デザイン事務所の監修を受けてスタートした。私は当時、このプロジェクトはうまくいかないのではないかと危惧していた。当初の段階では建設費・運営費を誰が負担するのかまったく決まっていなかったからだ。しかしその後、東京ミッドタウンとその周辺の関係者たちの要望もあって、東京ミッドタウン側から再開発地区内の一文化施設として全体プロジェクトの中でなんとかしていこうという意見が生まれ、そのことが関係スタッフにとっての大きな力となった。また不安のあった運用面でも、三宅一生デザイン文化財団と三宅一生さんが中心となってクリエイターを集め、企画運営していくという方向で話が決まり、計画は本格的にスタートした。

> 一つ一つ
> 考えながら
> ものをつくる──
> 真の意味での
> 手づくりの建築だ

　敷地は、公共の空き地に囲まれている。この恵まれた周辺環境を壊すことなく、デザインの美術館としてその存在を主張するにはどうすればよいかと考えた結果、床面積の8割を地下に埋設することにした。背後に立ち並ぶヒマラヤスギに、しっかりと包まれるようにたたずむ建築をつくりたいと考えた。建物の特徴である「一枚の鉄板」は、三宅一生さんの"一枚の布"からイメージを得ている。しかし、コンセプトを提示して絵を描くことは簡単だが、実際にそれをつくり上げるのはたいへん困難が予想された。実現を可能としたのは建設に携わった人々の技術力であって、私はここでも日本の建設技術のレベルの高さをあらためて痛感した。内外のディテールに関しては、現場スタッフの皆さんと打ち合わせしながらつくり上げた。階段、手すり、天井など、いたるところにつくり手の思いと技術者としての誇りが込められている。

　住宅以外で、東京で初めて本格的に携わった「コレッツィオーネ」[*2]という商業建築同様、「21_21 DESIGN SIGHT」でも建物はそのほとんどが地下に埋まっており、地上

---

*1　1938-。デザイナー。"一枚の布"のコンセプトのもと、独自の素材をつくり、新たな技術を開発しながら服づくりを行う。

*2　複合ビル。直方体と円筒を組み合わせた構成で、回廊や階段が複雑な空間を生み出している。

- 所在地　東京都港区南青山6-1-3
- 竣工　1989年9月
- 延床面積　5,709.7㎡

文／安藤忠雄

部分はレストランとエントランスの一部のみ。長さ54メートルの鉄板屋根の加工にはたいへん高度な技術を要した。現場の方々は設計の要求に十分応えるものをつくろうと、困難に立ち向かってくれた。施工における現場の熱意やアイデア、そして建設会社の技術陣のサポートがあったからこそ、実現までこぎつけることができたのだと思う。不可能を可能にしていく彼らの姿を見て、つくづく現場というのは大変なところだと、痛感させられた。エントランスホールには、長大な1枚の複層ガラスを使っている。ここでも、施工者には綿密な計画と工夫が要求された。長さ10メートルに及ぶ複層ガラスをどのように製作・運搬するかも思いつかなかったが、現場の担当者が工法を検討した上で、それを可能とする工場を探し、搬入の段取りまでつけてくれた。

Text by Tadao Ando

現在つくられている建築は合理化が追求され、そのほとんどが既製品で成り立っている。しかしこの「21_21 DESIGN SIGHT」では部材一つに至るまで、製作に対するつくり手のアイデアが注ぎ込まれている。一つ一つ考えながらものをつくっていく、真の意味での手づくりの建築。設計者よりも施工者が、ものづくりの現場においてつねに困難と格闘しながら、その英知と技術力で解決した結果として実現したといえる。

ある日、「21_21 DESIGN SIGHT」の現場で、地下の床の鉄筋を組む場面に遭遇した。当然、コンクリートを打ち込んでしまえば見えなくなる箇所だが、私はその配筋の美しさに驚き、職人に伝えたところ、彼は「自分は日本一の配筋工だから」とこともなげに答える。自らの仕事に誇りをもって臨むその姿勢に私は感銘を受けた。同様に型枠大工の技術も素晴らしく、このような人たちが頑張っている間は日本の建設業界も大丈夫だと実感した。誇りある技術者たちが連携して一つのものをつくり上げる、それが仕事というものの本来のあり方だ。

建築は設計者一人の力でできるものではない。ここ「21_21 DESIGN SIGHT」でも、三宅一生さんをはじめとする運営スタッフの思いがあり、そして何より施工に携わった方々の技術があったからこそ実現にこぎつけることができたのだ。今、日本では、このように高い技術と誇りをもった職人の数が年々減りつつあることが問題となっている。政府はもっと、このような職人たちに光をあてることを考えたほうがよいだろう。

Keyword
#37

Interfaculty Initiative in Information Studies Fukutake Hall

情報学環・福武ホール

スリットを設けた自立壁の背後に階段のオープンスペースが広がる。限定された素材と表現手法を用いた簡素な建築。
Photo: Mitsuo Matsuoka

さまざまな対話を生み出す精神の場

「流れ行く人波や
移ろう光を眺めながら、
生きることについて
思索を巡らしてもらえればと思う」
—— Tadao Ando

Keyword #37

全長100メートルの壁がもたらす内省の"間"

東京大学創立130周年を記念してつくられた、200人収容のホールをもつ校舎施設。株式会社ベネッセホールディングス取締役会長、福武總一郎の寄付を基に、安藤の設計によって、本郷キャンパス最古の建造物である赤門の隣に建築された。

間口100メートル、奥行き15メートルの細長い敷地に、建物と平行してコンクリートの長い壁が立つ。結界のようにも見えるが、これは安藤が壁の背後に広がる地下空間とキャンパスの間に、意図的な"間"を生み出すためにつくったものだ。「考える壁」と名付けられたこの壁こそが、学生たちが世界とつながり創造をするようにという、福武と安藤が「情報学環・福武ホール」に込めた願いの象徴でもある。

本郷キャンパスはゴシック風の建物を中心に、時代ごとの校舎が建ち並ぶ美しい歴史的環境をもつ。建物と建物の間には緑で覆われた余白の空間が設けられ、各施設を緩やかに結ぶ。同ホールもこうしたキャンパスの緑地構成の踏襲と、既存の風景の継承を前提として、キャンパスの新たな刺激となる"場"をつくり出すことを主題とした。

こうして生み出されたのが、敷地に生えていた樹齢100年を超えるクスノキを残して地下空間をつくり、地上部分を緑の景観を遮らない高さに抑えた構成である。地上部分の庇と自立壁の緊張感のある造形は、同じように長い間口をもつ京都の三十三間堂が参考にされた。壁には高さ30センチで横長のスリットが設けられ、内と外をつないでいる。

↑ 建物と平行して立つ「考える壁」に設けられた高さ30センチで横長のスリットが壁の内と外をつないでいる。

*三十三間堂
京都の仏堂。南北に120メートル続く本堂は世界一の長さの木造建築。「三十三間」とは柱と柱の間が33あることに由来する。

Interfaculty Initiative in Information Studies Fukutake Hall

情報学環・福武ホール

●所在地	東京都文京区本郷7-3-1
●竣工	2008年3月
●延床面積	4,045.7㎡
●入館料	無料
●開館時間	8〜21時。外観は見学自由
●休館日	不定休

Photo: Shigeo Ogawa

Photo: Mitsumasa Fujitsuka

↓内田祥三設計の東京大学総合図書館の向かいに建つ。キャンパスに緊張感のある新旧の対比が生まれた。

Photo: Shigeo Ogawa

Chapter 4 / Tokyo　209

Keyword
#38

「いたるところにつくり手の思いと、技術者としての誇りが込められている」
—— Tadao Ando

エントランスロビーから地下のギャラリーへと続く吹き抜け階段。三角形の中庭から明るい自然光が注ぎ込む。

Photo: Mitsuo Matsuoka

職人たちの技術と情熱の結晶

21_21 DESIGN SIGHT

ランドスケープと一体化する"一枚の布"

東京・六本木の旧防衛庁跡地再開発プロジェクト、東京ミッドタウンの中につくられた、デザインがテーマのギャラリー施設。三宅一生を中心とするプロジェクトチームの発案により、安藤が建築を手がけた。

ヒマラヤスギを背負う緑豊かなオープンスペースに、三角形に折り畳んだ鉄の大屋根が映える。1枚の鉄板屋根による折紙のようなイメージは、三宅一生の「一枚の布が、それを身につける身体の個性によって異なる立体のフォルムをつくり出す」という服づくりのコンセプトから安藤が着想を得たものだ。敷地が都市計画に指定された公共空き地という建築制限のある立地であったため、建物のほとんどのボリュームを地下に埋める必要があった。ならば、地下空間と連続する地上部分に、いかなる形を与えるべきか。1枚の鉄は、周囲の環境と一体化するランドスケープとしての建築に対する、安藤の一つの回答だった。

それぞれ一端を地面に接するよう、繊細に折り曲げられた大小2枚の鉄板のうち、大きいほうが覆う棟の輪郭を補うかたちで、吹き抜けの中庭がある。ギャラリーはこの中庭を取り巻くように置かれているため、地下でありながら自然光が降り注ぐ明るい空間となっている。

全長54メートルに及ぶ屋根面は、82枚の鉄板を現場溶接でつないだものだ。細部まで完成度の高い建築を実現した背景には、職人たちの並々ならぬ技術と情熱があった。安藤はこれを「日本のものづくりの誇り」として絶賛している。

＊三宅一生の"一枚の布"
1973年のパリ・コレクションに初参加した三宅一生の一枚の布で体を包むことで完成する衣服というコンセプト。インドのサリーや日本の着物から着想を得て、西洋でも東洋でもない新しい衣服を目指している。

↓1枚の鉄板を折り紙のように畳んだ大屋根。

Photo: Mitsuo Matsuoka

21_21 DESIGN SIGHT

- 所在地
  東京都港区赤坂9-7-6
- 竣工
  2007年2月
- 延床面積
  1,932.4㎡
- 電話
  03-3475-2121
- 入館料
  1,000円
- 開館時間
  11〜20時
  （最終入館19時30分）
- 休館日
  火曜日

→左:地下の基礎梁の配筋をする職人たち。日本の職人の技術と誇りが大屋根の繊細な造形を可能にした。右:エントランスロビー。

Photo: Mitsuo Matsuoka
Photo: Masaya Yoshimura / Nacasa & Partners

都市の

| 第4章 | 東京 | 第2部 |

Chapter 4 / Tokyo

> 周囲の既存環境をいかに味方につけ、
> 建物に取り込むかということに腐心した。
> それが私たちなりに考えた、
> 次の時代への"再生"だった
>
> — Tadao Ando

Part 2
Memory of the City

> "We struggled hard to integrate the architecture with existing environment. The integration is, what we believe, the 'regeneration' for the future generation."

昭和前期
関東大震災後の住宅供給のために建設された同潤会青山アパート。鉄筋コンクリート造は、当時としては先進的な建築だった。写真:毎日新聞社提供。

記憶

Chapter 4 / Tokyo 213

第2部　都市の記憶

私が初めて東京を訪れた年に見た同潤会青山アパート[*1]は、表参道のケヤキ並木と一体になって、静かに建っていた。それは1923（大正12）年の関東大震災後、帝都復興計画の一環で、新しい形式の都市住宅供給を目的として発足した同潤会によって建設された。人々が安全で安心に暮らせる集合住宅の試みとして東京や横浜の各所に建設された同潤会アパートの一つであり、1927（昭和2）年に建てられたこの青山アパートは、三角形の中庭を中心にした構成で、"集まって住む"という意図が明確に表されていた。私は、長い間表参道の景観を形づくってきた趣ある外観が強く印象に残った。

このアパートが、近年の老朽化によって再開発の対象となり、さまざまな提案が出されているのは知っていたが、この歴史的に重要な建築の建て替えプロジェクト「表参道ヒルズ」が私に依頼されるとは思いもしなかった。150人もの地権者をまとめていく必要があり、再開発計画は難航していた。私が設計を担当することについても、当初は異論が多かった。反対も当然と覚悟を決め、時間をかけてじっくりと話し合っていくべきだと考えた。 #39

> 対話を重ね、
> 解決策を
> 見出すまで、
> 4年あまりを
> 費やした

アパートがつくり出す街並みの風景は、貴重な"都市の記憶"であり、そこに住まう人々の"誇り"として心に深く刻み込まれている。その景観を大切に保存してほしいという声は、住民だけでなく、あちこちから聞こえていた。

再建計画では、1世紀近く受け継がれてきたこの"心の風景"を、どのような形で残していくかを主題とした。私たちは、建物の高さをケヤキ並木と同程度に可能なかぎり低く抑えることを念頭に置き、周囲の既存環境をいかに味方につけ、建物に取り込むかということに腐心した。それが、私たちなりに考えた、表参道の同潤会青山アパートの次の時代への"再生"だった。また、既存のアパートの敷地南東端の1棟の保存を提案した。新しい建物が、周囲の景観だけでなく、人々の心象風景とも一体となって連続していくよう意図したのだが、この提案は地権者たちの猛反対を受けた。老朽化して汚く、天井は低く、安全性にも問題がある建物をあえて残す必要がどこにあるのかという彼らの主張にも一理あったが、対話を重ね解決策を見出すまでに4年あまりを費やし、最終的に1棟をそのままの形に復元する案で合意を得た。

[*1] 日本最初の集合住宅の一つ。内務省に設立された財団法人同潤会が建設した。写真は建て替えプロジェクトについての安藤と地権者による話し合いの様子。

文／安藤忠雄

　計画がまとまりかけたころ、一番の権利者である当時の森ビル社長・森稔さんから突然、表参道の坂を内部に取り込み、地上3階から地下3階までをスロープでつなげたらどうかと提案があった。当初、私は反対だったが、原寸大の部分模型をつくって検討すると、これはなかなか面白いと感じ、計画に取り入れた。森さんほど情熱的に都市のことを考えている人はまずいない。設計を進めていく上で重要なことは使う人の意見をしっかりと聞くことだ。地権者と語り合い、意見を闘わせてきたが、数え切れない話し合いを経たからこそ、おたがいに妥協のないものづくりを実現させることができたのだと思う。

　このほか、東京での仕事で印象に残っているものに「東急東横線渋谷駅」、別名"渋谷の地宙船"（地下深くに浮遊する宇宙船の意）がある。私はこの駅を地下躯体を貫く吹き抜けと、それを取り囲むように配置された"卵"（卵型シェル状の壁）で構成した。かつて大阪・中之島で提案した「アーバンエッグ」を思わせる造形は、都市の結節点たる渋谷にふさわしい、空間のダイナミズムをねらった構成だが、そうした造形的なテーマと同時に機能面においても重要な役割を担っている。それは一つには、地上との位置関係がつかめず、方向の変化も分かりにくい地下空間にあって、"卵"の中心の吹き抜けがある種のランドマークとして機能する点。もう一つは、"卵"のワンルーム構成が、地下駅舎内の自然換気のシステムに与している点だ。

　この計画に関しては、既存の建築に着想を得たわけではない。しかし地下駅という特殊なプロジェクトに対して、自分なりに土木工事と建築デザインの融合を試みた。地下駅の建築では、先行してつくられる土木躯体と切り離して考えられるのが普通だが、ここでは、地下躯体の設計途中にプロジェクトがスタートしたため、建築と土木を併せた、より本質的な空間の提案をすることができた。

　渋谷駅は各線合わせて毎日300万人が利用するという。その意味で、渋谷駅のような場所は、最も都市的なパブリックなスペースといえる。そうした未来への可能性を秘めた施設だからこそ、単に機能を収めた箱ではない、どこまでいっても消費されない強さをもった確かな空間としたいと考えた。渋谷の"地宙船"が"都市の記憶"の刻まれる場所として息づいていくことを期待している。

Keyword
#39

Omotesando Hills

表参道ヒルズ

建物の中に環境を取り込む

東京の表参道に面した、集合住宅と商業施設のコンプレックス。約250メートルのガラスのファサードをもつ高さを抑えた建物が、ケヤキ並木の坂道の風景と一体となった印象を与える。内部は、地下3階から地上3階に及ぶ巨大な吹き抜け空間。基盤部分に商業施設が並び、その上に住宅棟をもつ。

敷地は1920年代、関東大震災の復興事業として建設された同潤会青山アパートの跡地だ。当時、東京市長を務めた後藤新平の発案によって建設された同潤会アパートは、日本の近代的な生活スタイルの礎を築いたというだけでなく、東京の主要な街路の一つ、表参道の原風景を長きにわた

↑ケヤキ並木越しに「表参道ヒルズ」を望む。道沿いに約250メートル続くガラスのファサードをもつ。

↓三角形の吹き抜けの周囲を、表参道と同じ勾配をもつ全長700メートルのスパイラルスロープが巡る。

都市に刻まれてきた"記憶の継承"

> 「地権者と語り合い、意見を闘わせてきたが、数え切れない話し合いを経たからこそ、おたがいに妥協のないものづくりを実現させることができたのだと思う」
> ——Tadao Ando

Photos: Mitsuo Matsuoka

→街の記憶として、建設当時のアパート1軒が復元された。

Omotesando Hills

り担ってきた存在である。建築にあたって安藤が最も力を注いだのは、この都市の"記憶の継承"という主題を巡っての150人の地権者との対話だった。

　安藤の提案の主軸は、建物の過半分を地中に埋め、既存の風景を壊さないよう高さを抑えることと、その中心にかつてのアパートがもっていたような豊かなパブリックスペースを備えること——この二つを新たに生まれる建築の前提とし、その上で、旧アパートの一部をそのままの形で残すことだった。より多くの敷地面積を求める市場原理に支配される都市にあって、この提案は多くの反対にあう。しかし、安藤の粘り強い対話が功を奏し、老朽化した旧アパートの保存も、その一棟を元の姿で復元するという案が実現された。

　内部の巨大吹き抜けは、かつてのアパートの中庭と同じく三角形をしている。そこを巡るスパイラルスロープは表参道自体と同じ勾配をもち、"建物内に引き込まれた坂道"として外の街とつながっている。

表参道ヒルズ

●所在地
東京都渋谷区神宮前4-12-10
●竣工　　2006年1月
●延床面積　34,061.7㎡
●電話　　03-3497-0310
●営業時間　ショップ11〜21時、レストラン11時〜23時30分、カフェ11時〜22時30分
（日曜日は祝日・祝前日を除いてそれぞれ1時間前に閉店）。
一部店舗は営業時間が異なる
●休館日　　不定休

Chapter 4 / Tokyo　217

Keyword

#40

Tokyu Toyoko-Line Shibuya Station

東急東横線渋谷駅

「未来への可能性を秘めた施設だからこそ、
単に機能を収めた箱ではない、
どこまでいっても消費されない強さをもった
確かな空間としたいと考えた」
—— Tadao Ando

Photos: Mitsuo Matsuoka

卵型のシェルに楕円形の吹き抜け空間を内包した構造。どこにいても、空間全体と自分の位置を瞬時に把握できる。

環境の世紀に応える"地宙船"

Chapter 4 / Tokyo

地下5階に位置するホームから見上げた楕円形の吹き抜け。

Photo: Mitsuo Matsuoka

Keyword #40

土木工事と建築デザインの融合

　東京メトロ副都心線と東急東横線が相互乗り入れする渋谷の地下駅。"地宙船"＝地下深くに浮遊する宇宙船をテーマに、地下2階のコンコースから地下5階のホームまでを楕円形の吹き抜け空間とし、それを卵型のシェルで囲んでいる。立方体のコンクリート躯体に卵型の駅舎空間を入れ子状に挿入した、ダイナミックな構成だ。

　建物の中に卵型のシェルに包まれた別の空間を挿入するというイメージは、渋谷駅プロジェクトから遡ること20年前、安藤が大阪・中之島の「アーバンエッグ」プロジェクトで提案したものだった。そこでは日の目を見ることなく終わったが、時を経て渋谷で実現した。 #12

　方向感覚が失われがちな地下空間で、"卵"と吹き抜けの明快な構成が、駅の全体と自分の居場所を瞬時につかむ助けとなる。また、同時に計画されていた隣地の東急文化会館跡地（2012年、同地に渋谷ヒカリエが開業）と地下

輻射冷房システム

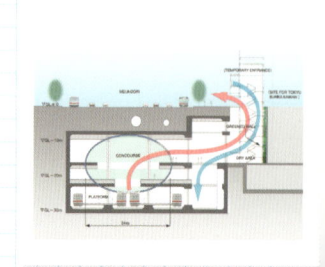

隣地の東急文化会館跡地から地上へと続く吹き抜けが空気の通り道となり、電車の排熱を自然の風力で換気できる。"卵"のワンルーム構成が可能にしたエコシステム。

断面コンセプト模型。3層にわたって卵型の地宙船が浮遊する。

2008年　東急東横線渋谷駅（模型）

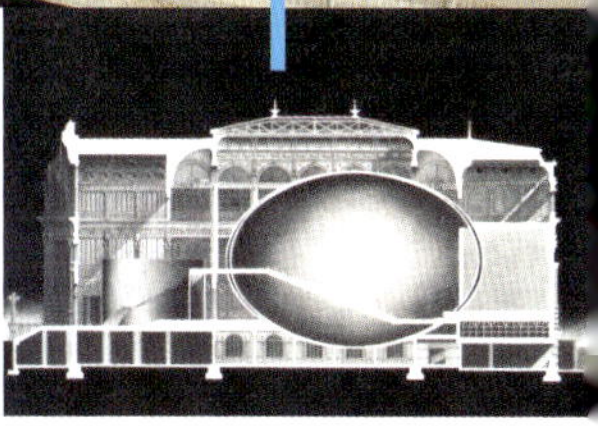

1988年　アーバンエッグ
大阪・中之島の中央公会堂再生計画。建物の外郭は残し、内部に卵型ホールを挿入する提案だった。

　駅との間に設けられた地上から地下に至るドライエリアに、"卵"に覆われたワンルームの駅舎を接続することで、通常は機械設備で処理される電車の排熱を自然の風力で換気できるようにした。"卵"の構成が、自然換気の仕組みに大いに役立っているのだ。駅舎内の空調は、GRC（Glass Fiber Reinforced Concrete）を"卵"のシェルに用いることで、この素材自体が内に含む空洞を利用した輻射冷房システムとしている。コンクリート打ち放しのイメージを、構造・施工上の理由からGRCで軽量化したことが、結果的にこの自然換気の実現につながった。

　2008（平成20）年6月、東京メトロ副都心線の開業では、環境負荷を軽減する地下駅の換気システムとして大きな反響を呼んだ。2011年3月には、同じく東京で安藤が手がけた東急大井町線上野毛駅も竣工し、省エネルギーに配慮した緑あふれる空間が生まれた。

Tokyu Toyoko-Line Shibuya Station

東急東横線渋谷駅
- ●所在地　東京都渋谷区2-21-13
- ●竣工　2008年6月開業。東京メトロ副都心線、東急東横線相互直通運転開始は2013年3月予定
- ●延床面積　27,725.1㎡

Tokyu Oimachi-Line Kaminoge Station

東急大井町線上野毛駅の複々線化に伴う駅舎の機能拡充計画。プラットホーム上部に大屋根を設け、駅やテナント、バス停、駅前広場などを一つの屋根で覆った。都市インフラを合理的にまとめ、地域の顔となる駅前風景を生み出した。

東急大井町線上野毛駅
- ●所在地　東京都世田谷区上野毛1　●竣工　2011年3月　●延床面積　2,587.8㎡

Photo: Shigeo Ogawa

Keyword #41

仙川プロジェクト

　同プロジェクトは本来、計画道路により分断された敷地の再生を地主が安藤に託したものだった。残念ながら当初のプロジェクトは幻に終わったが、計画はのちに民間ディベロッパーや市を巻き込んだまちづくりとして実現された。

　全長500メートルに及ぶ通称"安藤忠雄ストリート"に、安藤が設計を手がけた6件の建築が並ぶ。その一端には、安藤に当初のプロジェクトを依頼した地主・伊藤容子氏の私

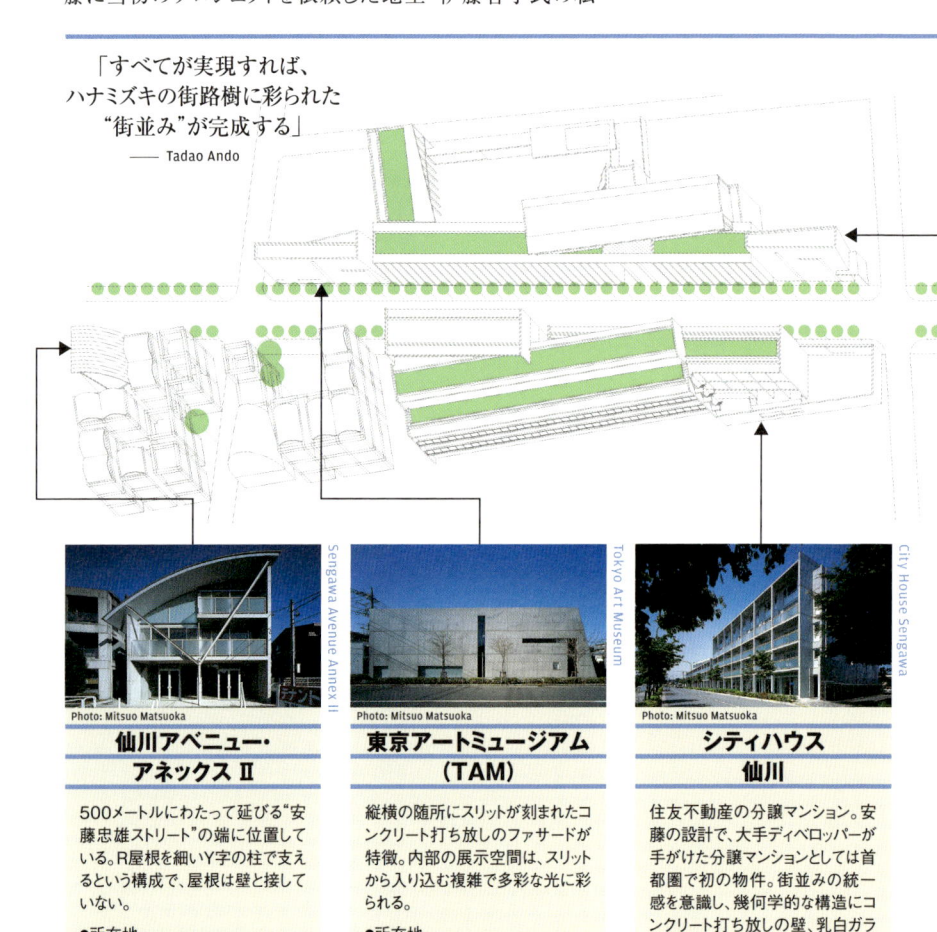

> 「すべてが実現すれば、ハナミズキの街路樹に彩られた"街並み"が完成する」
> —— Tadao Ando

仙川アベニュー・アネックス II

500メートルにわたって延びる"安藤忠雄ストリート"の端に位置している。R屋根を細いY字の柱で支えるという構成で、屋根は壁と接していない。

- 所在地　東京都調布市仙川町
- 竣工　2004年11月
- 延床面積　212.4㎡

東京アートミュージアム（TAM）

縦横の随所にスリットが刻まれたコンクリート打ち放しのファサードが特徴。内部の展示空間は、スリットから入り込む複雑で多彩な光に彩られる。

- 所在地　東京都調布市仙川町1-25-1
- 竣工　2004年10月
- 延床面積　198.6㎡
- 電話　03-3305-8686
- 入館料　500円
- 開館時間　11時〜18時30分（最終入館18時）
- 休館日　月〜水曜日

シティハウス仙川

住友不動産の分譲マンション。安藤の設計で、大手ディベロッパーが手がけた分譲マンションとしては首都圏で初の物件。街並みの統一感を意識し、幾何学的な構造にコンクリート打ち放しの壁、乳白ガラスを使用したバルコニーを採用した。

- 所在地　東京都調布市仙川町
- 竣工　2004年5月
- 延床面積　4,320.3㎡

column

建築と芸術が集う"安藤忠雄ストリート"

設美術館である「東京アートミュージアム（TAM）」がある。"光のスリット"が入ったコンクリートのファサードに、伊藤氏の安藤建築とまちづくりへの強い思いが表されている。その隣地にはガラス張りの「調布市せんがわ劇場」、さらに三角形の敷地を生かした「仙川デルタ・スタジオ」へと続き、市民が芸術・文化とともに、連続性のある安藤建築を楽しむエリアとなっている。

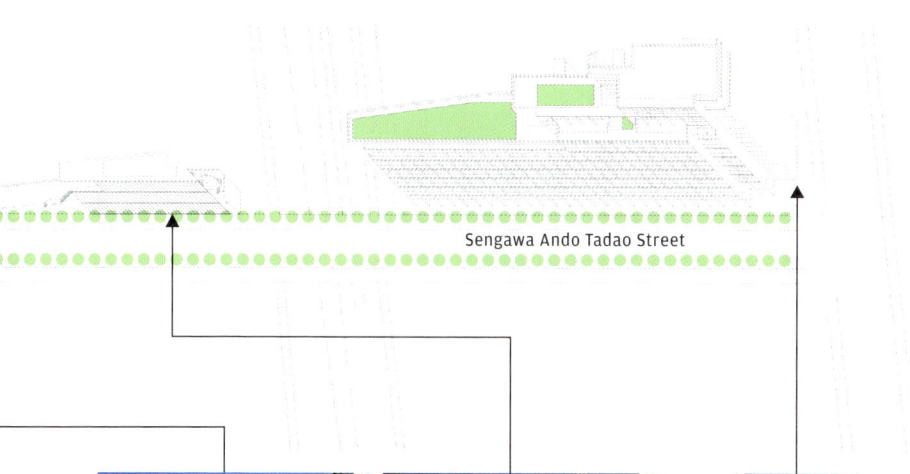

Sengawa Ando Tadao Street

調布市せんがわ劇場
調布市ふれあいの家
調布市立仙川保育園

舞台芸術に特化した市民の文化振興のための劇場「せんがわ劇場」と、市民のための福祉センター「調布市ふれあいの家」、市立仙川保育園からなる複合施設。緩やかに傾斜する壁と光あふれるガラスの空間をもつ。

- 所在地
東京都調布市仙川町1-21-5
- 竣工　2007年12月
- 延床面積　3,079.0㎡
- 電話　03-3300-0611
（調布市せんがわ劇場）

仙川
デルタ・スタジオ

共同住宅・店舗。三角形の敷地を生かした建築。通りに面して、コンクリート打ち放しの自立壁がそびえる。壁に設けた外階段は2階につながる。

- 所在地
東京都調布市仙川町
- 竣工　2007年6月
- 延床面積　383.1㎡

シティハウス仙川
ステーションコート

「シティハウス仙川」に続く、安藤忠雄×住友不動産の分譲マンション第2弾。コンクリートと乳白ガラスのバルコニーのデザインは踏襲しつつ、建物と並木道が一体となるよう、ファサードの列柱の内側に歩道を設けた。

- 所在地
東京都調布市仙川町
- 竣工　2012年3月
- 延床面積　7,745.1㎡

自然とともに生きる

日本人は独創性に欠け、個性がないとよくいわれている。しかし、いざという時の忍耐力や協調心、目的を定めた時のその実行力は世界に誇るべきものがある。とりわけ確固とした指導力をもったリーダーの存在のもとでは、その本領は存分に発揮される。

1960年代に入り、日本は池田内閣[*1]という強力なリーダーを得る。その所得倍増計画や持ち家制度がさらなる経済の発展を促し、1964（昭和39）年の東京オリンピックから1970年の大阪万博にかけてその頂点を迎える。しかし、いわゆる高度経済成長のこの時代、同時に日本は少しずつおかしくなり、多くの矛盾を生み出すことになる。国民は"お金さえあれば豊かになる"という幻想を抱き、企業は利益だけを追求し始めた。その結果、都市は無秩序に拡大し、周辺の自然環境は無残に破壊された。やみくもな経済成長はそのままバブル経済につながり、そして崩壊する。今思えば、このような成長の時代にもっと大きな確固とした計画をもってまちづくりを進めていれば、その後の混乱はもう少し抑えられたかもしれない。

ある日、「2016（平成28）年、オリンピックの東京招致を目指してグランドデザインづくりに協力してほしい」[*2]──当時の都知事・石原慎太郎さんから、なんの前触れもなく突然

> 成熟都市の
> 実現に向け
> プロジェクトは
> 着実に進んでいる

*1 内閣総理大臣・池田勇人のもとでの内閣。所得倍増計画を唱え、高度経済成長政策を推進した。

*2 当時の東京都知事・石原慎太郎が提唱したが、2009年にコペンハーゲンで行われたIOC総会で落選した。右は、2016年のオリンピック東京招致に際して構想された、メインスタジアムのイメージCG。

> 『海の森』は、
> 今では木々も大きく茂り、
> まさしく森として
> 成長を続けている
> —— Tadao Ando

文／安藤忠雄

Part 3
Living Together with Nature

"Umi-No-Mori has been certainly growing as thickly wooded forest."

要請を受けた。前回東京オリンピックが行なわれた1964（昭和39）年は、まさに日本が一番元気な時代だった。それは、1945年の敗戦から通常では考えられないほどのスピードで復旧復興を成し遂げた後、日本人の持ち前の勤勉さと驚異的な頑張りによって、世界有数の経済大国にまでなろうかという成長の真っ只中にあった。石原さんの要請を受けた当時はバブル崩壊から約10年あまり、日本の社会は沈滞し続けていた。まだまだ負の遺産は山積しているが、次の10年に向け、とにかく新しい1歩を踏み出そう——オリンピックの誘致計画には、そんな意図が込められた。10年後の東京の姿をどう描くか、この重責を担うメンバーとして指名されたのは光栄だったが、なにしろ都市づくりの専門家ではないため、たいへん難しい仕事となることは容易に予測できた。

東京が"魅力ある都市"となるのに必要なのは、東京オリンピックの時のようなインフラ整備による"成長"ではない。目指すのは、市場原理に偏り肥大化した都市を制御し、環境という総合的な視点で再編成していくこと、つまり都市としての"成熟"だった。

そのようなテーマのもと、緑の回廊＝風の道を中心とする、10年計画のグランドデザインが組み立てられた。たとえば、電柱の地中化。無数の電線が空中を飛び回っている現状のままでは、どれだけきれいなビルを建てても、美しい都市空間の実現には至らな

Text by Tadao Ando

第3部　自然とともに生きる

い。地上から電柱をなくせば、その跡に街路樹を植えていくこともできる。このほか、以前より進められている屋上緑化や壁面緑化の推進など、経済性を最優先したこれまでの都市開発とは違い、地球環境や景観を重要視した次代に向けての新しいまちづくりが動き始めていた。

　これらの取り組みの一環として、海の森募金が発足した。東京湾には、都市活動の結果生じたゴミと残土が30メートルも積み上げられた、およそゴルフ場18ホール分にも及ぶゴミの埋立地がある。市民から一口1,000円ずつの寄付を募り、このゴミの山を緑化して、海に浮かぶ美しい森に再生する。それがこの計画の趣旨だ。官民の協力なくしてはありえない、今回の都市再生計画の象徴となることを目指した。地球環境の対策を考えていく中で、今後ますます日本の独自性が重要視されていくのではないかと思う。

　この「海の森」は、自然とともに生きてきた日本人が世界に向けて環境と共生していくことの大切さを訴えかける、循環型社会のシンボルである。活動を通して、「自然とともに生きる」というメッセージを、地球規模で伝えていくことができればと考えている。

　残念ながら、件（くだん）のオリンピック招致は失敗に終わった。しかし、成熟都市の実現に向けて着手されたプロジェクトは、今も着実に進んでいる。なかでも「海の森」は、今では木々も大きく茂り、まさしく森として成長を続けている。

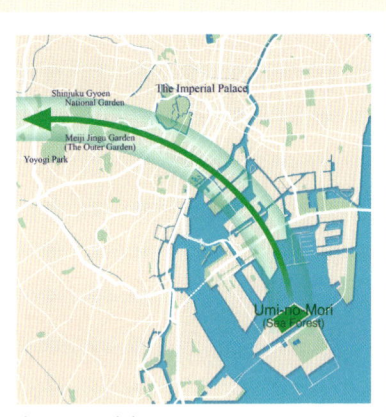

**海からの風が
緑地をわたり
街に吹く**

Kaze-No-Michi: Wind Passage

風の道

　東京都は東京港の埋立地を緑化した「海の森」を起点にお台場、晴海、築地、皇居、新宿御苑、明治神宮などの緑地を街路樹でつなぐ「緑の回廊」によって海からの風を街に導く「風の道」をつくり出し、緑のネットワークを築く計画を進めている。緑によって冷やされた風は都心部に涼をもたらす。

環境共生のシンボル

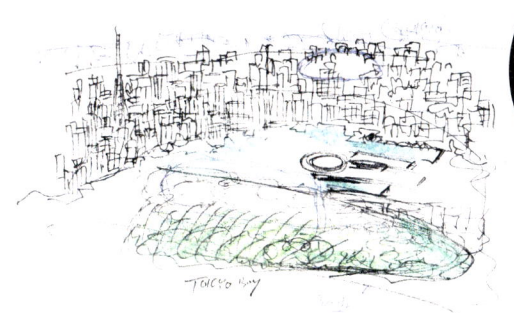

Keyword #42

Umi-No-Mori: Sea Forest

「自然とともに生きてきた日本人が世界に向けて環境と共生していくことの大切さを訴えかける循環型社会のシンボルである」
—— Tadao Ando

海の森

東京湾を舞台にした都市再編のシンボル

2016（平成28）年のオリンピック東京招致を目標とした東京の都市再編プロジェクトにアドバイザーとして関わった安藤が事業委員長となって展開している「海の森」プロジェクト。都市再編プロジェクトでは街路樹を増やし、代々木公園や新宿御苑などの森をつなぐ緑の回廊を創出することが考案された。「海の森」は、その緑の回廊の終端にあたる東京湾を舞台に、都市再編のシンボルプロジェクトとしてスタートした。東京港に浮かぶ約88ヘクタールのゴミの埋立地にスダジイ、タブノキ、エノキなどの苗木約48万本の植樹を行う。豊かさを求めて大量生産・大量消費を続けた結果、負の遺産として残された場所に、都心に風を引き込む森をつくる。同プロジェクトは、オリンピック招致が失敗に終わった現在も進められている。

Umi-No-Mori: Sea Forest

海の森

- ●所在地
東京都江東区青海3丁目地先
（「海の森」公園予定地）
- ●計画
2007年7月-
- ●面積
880,000.0㎡

第 5 章

Chapter 5 / Overseas
Believing
in
Team Power

チームの力を信じて

"It was certainly the power of the team
that enabled to complete the buildings in spite of many difficulties.
Not only in architecture but also in any other fields,
a man can hardly accomplish anything all by himself.
What counts is how to build a capable team of people
who have the same passions."

1999年

イタリア、トレヴィゾの「FABRICA」工事現場にて、現地のプロジェクトチームと。

海外

「幾多の困難にもかかわらず、無事完成までこぎつけることができたのはほかでもない、チームの力があったからだ。建築でも何でも、ほとんどのことは一人の力では成し遂げられない。同じ思いをもった、能力あるチームをいかにしてつくり上げるかが肝心なのだ」

Spain
Sevilla

Italy
Treviso and Venice

America
Fort Worth and St. Louis

Germany
Bad Kreuznach

France
Aix-en-Provence

Chapter 5 / Overseas 229

第5章　海外　序文

21世紀のモダニズムを託される

ポスト・モダンの嵐が吹き荒れていた1990年代初め、彫刻家マルタ・パンの自宅をパリ郊外に訪ねたとき、彼女が安藤忠雄への期待を熱っぽく語るのを聞き、安藤の海外での成功を確信した。マルタ・パンはカイネティック・アートの主唱者のひとり。自宅は、夫でル・コルビュジエの後継者とされるアンドレ・ボジャンスキーの設計によるコンクリートの枠だけのような極端なモダニズムの建築だった。

そのガラス張りのリビングでマルタ・パンいわく、若い建築家はモダニズムを否定するポスト・モダンの流行に乗っているが、安藤はモダン・デザインの王道を進んでいる、毅然とした態度は別格だと。モダニズムを守護したい世代ならではの評価だったが、安藤がポスト・モダンのうねりとは距離を置き、モダニズムを究めてくれるのではとの率直な熱い期待が、彼女の発言には込められていた。

実際、安藤はイタリアのアパレルメーカー、ベネトンを世界的な企業に育て上げたルチアーノ・ベネトンやグッチなどを傘下におさめるフランスのピノー・グループの創立者フランソワ・ピノーら、彼の地のアートと建築のパトロンの心をとらえ、活動の場を欧米へと広げていった。ベネトンのデザインスクール「FABRICA」、ピノーのコレクションを展示するヴェネツィアの「プンタ・デラ・ドガーナ・ピノー現代美術館」が実現し、カール・ラガーフェルドらファッションの領域からU2のボノら音楽関係までもが、あたかも列をつくるかのように、自邸や美術館などの設計を安藤に依頼した。

モダニズムの継承者として、日本の建築家に白羽の矢が立てられたわけだ。世相に左右されず、我が道を行く姿勢が海外の表現者たちの納得と信頼をかちえた。

セビリア万博の木造の巨大な日本館がヨーロッパでは話題を集め、ベネトンの「FABRICA」では既存の環境を尊重して、建築を地下に配した構成が評価された。ピノーがパリ郊外に計画した現代美術館は実現には至らなかったものの安藤の声価を

Introduction

文／松葉一清

高めた。同じくパリではユネスコの「瞑想の庭」が身上とするコンクリートの表現で実現し、ヨーロッパのひとびとに安藤の作品は身近なものとなった。そのような実作の成功とともに安藤像は定着していった。

2002（平成14）年に安藤の設計で米フォートワースに開館した「フォートワース現代美術館」は、先に竣工した、やはり安藤設計のセントルイスの「ピューリッツァー美術館」を規模の面でも空間の質でもグレードアップさせて目を見晴らせた。熱射の立地に人工池を設け、そこに展示棟が等間隔で並ぶ構成は、シカゴのコロンブス記念博覧会（1893年）に、日本から出展された「鳳凰殿」（宇治の平等院の鳳凰堂になぞらえた寝殿建築）にも通じる大胆さだった。

この美術館の設計段階で安藤は、隣接するルイス・カーンの名作「キンベル美術館」を強く意識した。連なる直方体の棟は、カーンのヴォールト屋根の連続への応答だった。安藤は緊張を隠さなかった。ここでカーンに見劣りする作品は許されない。優るとも劣らない水準の美術館を実現せねばという切迫感と使命感に、好機を逃すまいとする意気込みが重なり、安藤は極度の緊張状態にあった。そして、それが好結果をもたらした。

開館当日の美術館では、招待客の多くが所期の目的を達した安藤を祝福した。直方体内部を入れ子にした展示室の構成が、外観のシンプルな造形からは想像できない多様な内部空間の連続を生み出し、カーンのキンベル美術館に比肩する躍動感がもたらされていた。文字通りのモダニズムの求道者らしい真摯な設計が勝利した建築の姿がそこにあった。それはまた、極東の建築家が発想の次元ではなく、空間の「質」という評価尺度で欧米の評者を納得させた瞬間でもあった。

活動の場は欧米から中国、インドなどアジア圏に広がりつつある。新興国ならではの大規模なプロジェクトに安藤がどのように挑むのか目が離せない。

Text by Kazukiyo Matsuba

第5章　チームの力を信じて

大阪万博に辣腕をふるった堺屋太一*¹さんが総合プロデューサーとなり、1992（平成4）年にスペインで開催されるセビリア万博に日本が参加することになった。複数の中から私の提案が採用となり、パビリオンの設計者に選ばれた。私にとって、これが海外で初めての本格的な取り組みとなった。日本の心を表現するには、木造がふさわしい。しかしスペインは石造文化の国。大規模な木造建築を対象とした法規そのものがなく、実現は難しいという。木造を規定した法律がないのなら、つくればいい。それほどの気迫で計画に臨んだ。日本の大工を中心にスペイン、モロッコ、フランスなどの職人が協働して国際的なチームをつくり、木造に関して幾度となく話し合いをした。みんなが納得したところで工事に取り掛かり、なんとか完成にこぎつけることができた。日本館は人気があり、入場者数も多かった。国際色豊かなチームが、世界各地の建材を使って日本文化の象徴である木造建築をつくるプロセスが話題を呼んだからだ。

滞在中のセビリアのホテルに、評判を聞いたルチアーノ・ベネトン*²氏から仕事を依頼する電話があった。トレヴィゾという街で、17世紀の古いヴィラを改修してアートスクール「FABRICA」をつくる計画だった。セビリアでの経験を生かし、地元の歴史家、構造技術者、設備技術者を集めてチームをつくり、この手ごわいプロジェクトに臨んだ。チームに共通するのは、皆が心底、建築好きということである。私はイタリア語はおろか英語も満足に話せないが、それでも彼らと意思疎通することができたのは、おたがいに建築に対する強い思いがあったからだ。本当にいいチームをつくることができたと思う。のちにフランスの実業家、フランソワ・ピノー氏とともに、ヴェネツィアでパラッツォ・グラッシとプンタ・デラ・ドガーナの再生計画をこのチームで手がけた。プロジェクトの進行中には、街のあちこちに"ANDO反対"のチラシが貼られた。西洋建築の元祖ともいえるイタリアの建築に、日本人が出てくるのが許せないのは理解できる。が、ピノー氏はかえって宣伝効果があると笑っていた。

1997（平成9）年には、「フォートワース現代美術館」の建設に際し、私の案が選ばれた。敷地はアメリカ・テキサス州フォートワース郊外の都市公園内に位置し、隣接してルイス・カーンの傑作キンベル美術館が建っている。現代の古典ともいうべきキンベル美

> 意思疎通ができたのは、おたがいに建築に対する強い思いがあったからだ

*1　1935-。元通産省官僚、作家、元国務大臣、元経済企画庁長官、元内閣特別顧問。さまざまな博覧会のプロデュースを担い、2005年の愛知万博では最高顧問を務めた。

*2　1935-。イタリア・トレヴィゾに生まれ、1965年にベネトンを創業し、世界的ブランドに成長させた。2012年に引退し、会長を息子のアレッサンドロに譲った。

文／安藤忠雄

術館と新しい美術館とをどのように関係づけるか、そして広大な敷地をどのように性格づけるかが焦点となった。私はカーンの建築との対話を試み、そこから抽出される明晰さ、単純さゆえの強さといった空間のエッセンスを新しい建物に組み込んでいくことを考えた。さらに、与えられた広大な敷地に対しては、内外の区別なくどこにいても芸術を感じることのできる"芸術の森"とするコンセプトを構想した。フォートワースの自然は厳しく、大げさにいえば砂漠のような過酷な土地である。そこに、私は豊かな緑や水に囲まれたアートと人間のための空間をつくろうとした。アメリカのエネルギー消費型社会に対して、日本的な自然とのつきあい方を提示したいと考えたのだ。現在、私の友人であるレンゾ・ピアノによるキンベル美術館の増築が計画されている。その完成により、隣接する二つの美術館の関係性はより緊密なものとなり、全体として、フォートワースの人々の文化的な生活の中心としての役割をさらに高めることであろう。#48

同じアメリカで手がけた「ピューリッツァー美術館」では、クライアントであるピューリッツァー夫妻の美術についての深い造詣や理解力に私はただ驚かされた。彼らとともに仕事を進めていくのは刺激的だったが、緊張の連続でもあった。初めは古い自動車の修理工場を改修して美術館をつくる計画だったが、設計がほぼ完了したころに、夫のジョゼフ氏が亡くなってしまう。ほかにもさまざまな状況の変化があり、計画は半ばにして3年間中断した。それでも夫人のエミリーさんはあきらめず、その強い思いで計画を再開し、敷地を替えて実現させた。そのパワーたるや、さすがはアメリカでも有数のキュレーターだと感服せざるを得ない。美術や建物に対する深い理解と尋常ならざる熱意を併せもった、私にとって理想的なクライアントだった。同じような状況は、ドイツにつくった「ストーン・スカルプチュア・ミュージアム」でも起こった。同館もやはり、夫の遺志を継いだクーバッハ夫人の強い思いによって完成した。18世紀に建てられた、ドイツ南部特有の切妻屋根の納屋を地元大工の有志を募って改修し、小さな町を挙げてのプロジェクトとなった。彼らは一つ一つの工程を驚くほど時間をかけて、丁寧に進めた。単なる改築工事ではない特別な意味のある仕事であることを、彼らもまた自覚していたと私は思う。夫人と関係者の理屈を超えた思いが実現した、小さいが意味のある建築だった。

#49

Text by Tadao Ando

Chapter 5 / Overseas

Keyword
#43

「建設の過程で交わされる各国の技術者の激しい対話から木造建築の新しい考え方が発見されることを期待した」
—— Tadao Ando

日本の心、日本の技術を世界と共有する

↑日本の大工を中心に、各国の職人が協働してつくり上げた巨大な木造建築。

Photo: Mitsuo Matsuoka

スペイン／セビリア

セビリア万博 日本館

Japan Pavilion, EXPO '92, Sevilla

日本の心を表現する木造大架構

　1992（平成4）年、"発見の時代"をテーマに開催されたスペイン・セビリア万国博覧会の日本館。石造文化のスペインに登場した間口60メートル、奥行き40メートル、高さ25メートルの世界最大級の木造建築は、世界の観客を文字通り驚愕させた。

　安藤が目指したのは、"日本の心、日本の技術を、一瞬にして人々に対して伝えることのできるもの"だった。日本の文化は"生成り"の文化であるとして、着色しない生成りの木材を用いた。反りのついた下見板張りの大壁面や、社寺建築の軒下などに用いる木組みの技術・斗供（ときょう）を思わせる大架構は、日本の優れた建築技術をあらためて感じさせる。この技術や素材の扱い方一つ一つに、日本人のもつ細やかな自然観が表現された。

　内部は高さ約24メートルの迫力のあるワンルーム構成である。観客は中央の11メートルに及ぶ太鼓橋を渡り、まず4階の吹き抜けの巨大エントランスギャラリーに上る。そこから木造建築の威容と五つの展示室を観覧しつつ、ゆっくりとフロアを下りていく。天井を覆うテフロンの半透明の膜を通して、柔らかな光が空間全体を満たす。

　建設を担ったのは、日本の大工をはじめスペインやモロッコからの職人たちだ。日本の技術者が指揮をとり、アフリカをはじめ世界中から材料が集められた。

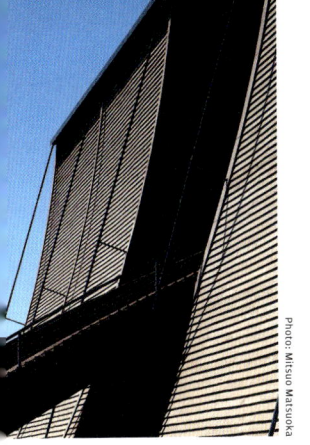

↑太鼓橋の先に吹き抜けのエントランスギャラリーが広がる。壁面に対し、雨樋のスチールパイプが弓の弦のように取り付けられた。

Photo: Mitsuo Matsuoka

Japan Pavilion, EXPO '92, Sevilla

セビリア万博 日本館

- ●所在地
  スペイン アンダルシア州
  セビリア（竣工当時）
- ●竣工
  1992年2月
- ●延床面積
  5,660.3㎡
- ＊仮設パビリオンのため現存しない

↓国際色豊かなチームが世界各地の建材を集め、日本伝統の木造建築を完成させたことが話題を呼び、日本館は大盛況となった。

Photo: Mitsuo Matsuoka

Chapter 5 / Overseas　235

Keyword
#44

イタリア／トレヴィゾ

FABRICA, Benetton Communication Research Center

FABRICA

「新旧の建物を、ただいたずらに
対立させるのではなく、
新旧が共振、共鳴し合うような
建築を目論んだ」
—— Tadao Ando

新旧の建物が時間を超えて対話する

↑水庭に浮かぶアプローチのギャラリー。控えめにデザインされたコンクリート柱が既存の17世紀の建物と調和しつつ、新しい風景を生み出している。

↓左：既存の建物のポルティコに面してつくられた講堂。右：ポルティコから水庭越しに見たギャラリー。水面に列柱と周囲の緑が映し出される。

Photo: Francesco Radlino

Photo: Mitsuo Matsuoka

Photo: Mitsuo Matsuoka

Photo: Mitsuo Matsuoka

Keyword #44

イタリアの田園風景と調和するベネトン・アートスクール

↑ルチアーノ・ベネトンと安藤。

「FABRICA」は「セビリア万博 日本館」の評判を聞いたベネトンの会長(当時)、ルチアーノ・ベネトンの依頼による、ベネトンのアートスクール。世界中から工芸やデザインを志す若者を集め、住まいと奨学金を提供し、1年間学ばせるというルチアーノの考えに安藤が共感してプロジェクトがスタートした。

計画は、ベネトン発祥の地であるヴェネツィア近郊の小さな街、トレヴィゾにある17世紀の邸宅を修復・再生することがベースとなった。トレヴィゾは、16世紀の建築家アンドレア・パラディオが多くの作品を残した、豊かな建築的遺産を有する街である。加えて、

↑左:地下空間へ導くスロープ。トップライトを中心に最上階から最下階まで続く。右:地上へと開かれた、列柱に囲われた楕円形の中庭。

FABRICA, Benetton Communication Research Center

FABRICA

●所在地	イタリア ヴェネト州 トレヴィゾ
●竣工	1995年4月(I期)、2000年6月(II期)
●延床面積	5,172.0㎡ (うち再生したのは1,769.0㎡)

Chapter 5 / Overseas

Photo: Francesco Radlino

↑楕円形の中庭を見下ろす。既存の建物とトレヴィゾの田園風景を損なうことのないよう、主要なボリュームは地中に埋め込まれている。

Photo: Mitsuo Matsuoka

　イタリアでは歴史的建造物の保存・再生が法律によって奨励されている。そこで、安藤は古い建物を再生させながら、新旧を対比させ、共鳴させることによって全体が活性化することを目標とした。ヴェネツィアをはじめヴェネト地方で多くの修復・再生を手がけた建築家カルロ・スカルパの仕事も参考にした。

　その結果、17世紀の邸宅はそのまま修復され、新築部分はほとんどが地下に埋設された。地上に現れているのは、邸宅のポルティコ(列柱のある玄関またはアーケード)と共鳴するようなコンクリートの列柱のあるアプローチと、その二つを静かにつなぐ水庭だけである。地下にはアトリウムや、らせん状の下降する書架をもつ図書館が設けられ、テラスや楕円形の中庭などによって新旧が緩やかに結合されている。建設にあたっては、イタリアの工芸技術や古材の入手方法に精通した専門家、職人によるチームが結成された。このチームは素晴らしい仕事をしたが、法規の問題などさまざまな障害により、着工から完成までにおよそ10年の月日を要した。

Keyword #45

「新旧が対話する空間のシークエンスにアートが不意に登場するような、驚きと発見に満ちた場所づくりを意図した」
—— Tadao Ando

↑フランソワ・ピノーと安藤。2006年撮影。

ホワイトキューブで新旧を大胆に対比させた現代美術館

　安藤が国際コンペで設計者に選ばれた「ピノー現代美術館」の建設が断念された後、クライアントのフランソワ・ピノーから依頼された計画。ヴェネツィアのカナル・グランデ沿いにある18世紀後半の新古典主義の建物を改修して現代美術館をつくるプロジェクトだ。パラッツォ・グラッシはそれまでにも一度改修され、展覧会場として使われていた。安藤はまず内部を元の状態に復元し、その中にホワイトキューブの壁を入れ込んだ。ホワイトキューブの向こうには壁や天井の豪華な装飾が見え隠れする。アトリウムでは既存の天窓の下に半透明のガラスクロス膜を設け、ギャラリースペースに柔らかな光を導いた。

　歴史的建造物の維持保全に厳しい規制をもつイタリア

Photo: Shigeo Ogawa

↑カナル・グランデの対岸から見た外観。サン・マルコ広場に近い場所にある。

Palazzo Grassi Renovation
パラッツォ・グラッシ再生計画

●所在地	イタリア ヴェネト州 ヴェネツィア
●竣工	2006年4月
●延床面積	6,320.0㎡ (うち再生したのは2,900.0㎡)

イタリア／ヴェネツィア　　　　　　　　　　　　　　　　Palazzo Grassi Renovation

パラッツォ・グラッシ再生計画

矛盾から生まれる新旧が刺激し合う空間

↑1階エントランスに続くアトリウムの展示空間。　　　　Photo: Shigeo Ogawa

↑アトリウムに面した展示空間。天井に新古典主義の装飾を残している。
Photo: Shigeo Ogawa

で、既存の建築の内部にホワイトキューブを入れ込む手法は一見矛盾するようである。しかし安藤は、その矛盾によって新旧が刺激し合う空間を生み出すことを意図した。新旧を大胆かつ現代的に対比させた空間は、美術史の専門家でもあるヴェネツィア市長や、市の歴史的建造物に関わる歴史家からも高い評価を得た。安藤が試みてきた"新旧が対話する空間"というテーマが細部まで貫かれた結果である。

François Pinault Foundation for Contemporary Art

ピノー現代美術館

実現しなかった欧州最大規模の現代美術館

パリのセーヌ川に浮かぶセガン島に敷地面積約3.2ヘクタールという、民間としては欧州最大規模の美術館を建設する計画。安藤が実施設計まで終えていたが、都市インフラが整備されないことなどから事業が断念された。安藤の提案は、都市の記憶を受け継ぎつつ、人がアート、自然、社会と対話する広場と、人とアートが静かに対話するギャラリーの二つのスペースを設けて、セーヌ川にさまざまな出会いの可能性をもつ人工の"NIWA(庭)"をつくる構想だった。

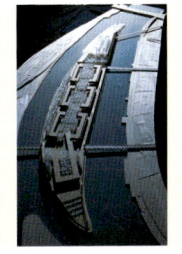

●計画地　フランス パリ セガン島　●計画　2001年1月-2005年4月　●延床面積　32,700.0㎡

左：木の梁は旧いものをそのまま生かし、レンガ壁は現地の古材バンクから17〜19世紀のレンガを取り寄せて再構築した。右：プンタ・デラ・ドガーナは、ドルソドーロ島の先端に位置する。

「制約の中で、本来建物のもっていた潜在力を引き出しながら、いかにして現代性のある空間を生み出すかという課題とふたたび向き合うことになった」
—— Tadao Ando

Keyword
#46

Photo: Shigeo Ogawa

イタリア／ヴェネツィア
プンタ・デラ・ドガーナ再生計画
Punta della Dogana Renovation

©Palazzo Grassi S.p.A, ORCH_orsenigo_chemollo

現代アートと都市の記憶の呼応

Keyword #46

再生された海運の街ヴェネツィアの象徴

#45 パラッツォ・グラッシ再生計画に次ぐ、安藤とフランソワ・ピノーによるヴェネツィアでの二つめのプロジェクト。15世紀に建てられた歴史的建造物、海の税関を修復して現代美術館をつくる計画であり、ヴェネツィア市のコンペでザハ・ハディド+グッゲンハイム財団と安藤忠雄+ピノー財団の一騎打ちとなり、安藤とピノーが選ばれた。

プンタ・デラ・ドガーナとは、ドルソドーロ島の三角形に突き出た先端（プンタ）の税関（ドガーナ）を表す敷地の名称。海の税関は、かつて中継貿易都市として栄えたヴェネツィアの歴史を象徴する建築である。15世紀から幾度かの建て替え・修復が施され、税関として使われなくなったあとは一部を事務所や倉庫に使用されるのみとなっていた。

パラッツォ・グラッシと同様、歴史的建造物の再生がテー

既存の建築に四角いコンクリートボックスを挿入した中央の展示室。緊張感のある空間に、天井から差し込む陽光が変化に富んだ表情をもたらす。
Photo: Shigeo Ogawa

Photo: Shigeo Ogawa ↑左：遺構とコンクリートの床が共鳴する。右：2008年撮影。

マである。原型に変更を加えることは、ここでも法律で厳しく制限されていた。そこで安藤は、改修を繰り返す中で覆われてしまったレンガの壁や屋根の木造トラスをふたたび露出させ、古い建物を原型に戻すことでその個性を際立たせながら、限られた建築的要素を加えることで新しい空間を生み出すことを試みた。

新たに加えられたのは、外観のイタリア的な格子の扉と、古い建築の内部に挿入されたコンクリートの壁である。中央の展示室には、内部にコンクリートボックスを入れ込み、古いレンガの壁との間に通路を設けて、新旧が対話する新しい空間とした。

建設を手がけたのは「FABRICA」#44 以来、安藤と仕事をしてきたイタリア人チームである。構造的な補強や増水対策を行う必要もあり、成功にはチーム内の信頼関係が不可欠だった。

Photo: Andrea Jemolo

↑修復前のプンタ・デラ・ドガーナ内部の様子。

→中2階の廊下から見ると、コンクリートボックスが挿入されている様子がよく分かる。壁面には入り口が四つ穿たれている。

Punta della Dogana Renovation

プンタ・デラ・ドガーナ再生計画

●所在地
イタリア ヴェネト州 ヴェネツィア
●竣工
2009年5月
●延床面積
4,585.0㎡

Photo: Shigeo Ogawa

Keyword
#47

アメリカ／フォートワース
フォートワース現代美術館
Modern Art Museum of Fort Worth

整然と並んだ長方形のボックスが、水面に映って上下左右にシンメトリーをなす。過酷な大地に誕生した、水と緑の"芸術の森"である。

Photo: Mitsuo Matsuoka

過酷な土地に潤いを与えるオアシス

「カーンの建築との対話を試み、
そこから抽出される明晰さ、
単純さゆえの強さといった
空間のエッセンスを
新しい建物に
組み込んでいくことを考えた」
—— Tadao Ando

マーティン・ブーリエの作品《Ladder for Booker T. Washington》(1996年)を展示する1階北東のギャラリー。
Photo: Mitsuo Matsuoka

アンゼルム・キーファーの作品《Book with Wings》(1992-1994年)の常設スペースは、作品に合わせた円形のコンクリート空間。
Photo: Mitsuo Matsuoka

Keyword #47

市民の想像力を育む水上の美術館

アメリカのテキサス州フォートワース郊外の公園内に位置する、4.4ヘクタールの広大な敷地をもつ美術館。アメリカを代表する建築家の一人、ルイス・カーンの設計によるキンベル美術館に隣接し、それとの対比から"芸術の森"というコンセプトが構想された。砂漠のような厳しい大地に、人と芸術のための森を創造する計画である。

緑に囲まれた広大な水庭に、コンクリート打ち放しの箱をガラスで包み込んだ二重構造の直方体が六つ並んでいる。コンクリートがガラスの透明感を引き立て、ガラスがコンクリートの強さを柔らかく包み込む。展示室の床は水庭とほぼ同じレベルに設定され、緑に囲まれた水面を歩くかのよう

Photo: Mitsuo Matsuoka

*キンベル美術館
1972年に完成した美術館。16のヴォールトからなる建築はルイス・カーンの最高傑作の一つ。天窓から差し込む自然光で美術品を鑑賞できる一方、直射日光が美術品を傷めないよう緻密に計算されている。

↑左：吹き抜けを介して連続する展示室。中：2002年撮影。右：北側外観。

Modern
Art Museum
of
Fort Worth

フォートワース現代美術館

●所在地	アメリカ テキサス州 フォートワース
●竣工	2002年9月
●延床面積	14,820.0㎡

な浮遊感が印象的だ。ガラス面を覆うアルミのカーテンウォールの重なりや屋根を支えるY字型コラムが空間に光と影の交錯を生み出す。

　コンクリートとガラスの構造は「20世紀を代表する素材を用いて、新しい魅力をもった建築をつくりたい」という安藤の考えと、苛烈な気候から美術品を保護する意味合いを込めたものだ。単純な直方体の反復にキンベル美術館との関係性が見える。内部には二重構造ならではの構成や、数種類の自然採光システムによる多様な表情が展開する。ガラスとコンクリートの間のスペースは、外と内をつなぐ縁側のような空間。展示室の延長でありながら水と緑、光を取り込む緩衝空間の役割を果たしている。

Chapter 5 / Overseas　249

Keyword
#48

アメリカ／セントルイス
ピューリッツァー美術館
Pulitzer Foundation for the Arts

「クライアントも含めた妥協のない対話を
アーティストと繰り返していくうちに、
建築のレベルは徐々に高まっていった。
彼らとの協同作業は、美術館の原点を考える上で
非常に有意義なものであった」
—— Tadao Ando

Photo: Shinkenchiku-sha

単純な形がもたらす内と外の緊張感

ジョゼフ・ピューリッツァーの名を冠したリチャード・セラの《Joe》(2000年)は美術館の要となった大作。

Chapter 5 / Overseas

Keyword #48

作家との対話が生み出した純粋なるアート空間

　ピューリッツァー賞の創設者一族のコレクションを収蔵する美術館。収蔵作品の作家であるアーティスト、リチャード・セラとエルズワース・ケリーの紹介を受け、安藤の建築に感銘を受けたピューリッツァー夫妻が、当時アメリカではほぼ無名だった安藤に設計を依頼。夫妻が中心となり再開発計画を進めていたセントルイス市の文化地区に、地域再生の核となればという期待も込めて計画された。

　美術館は、高さと長さの異なる二つのコンクリートの直方体が水庭を挟んで平行に並ぶという構成である。高いほうには2層吹き抜けの細長いメインギャラリーがあり、エントランスホールやライブラリーなどは1層の低いほうに収め、屋上を緑の庭としている。長さと高さの違いから生じる余白には庇を設け、美術館へのエントランスとラウンジを配した。

　素材や要素を限定した単純な構成だけに、そのプロポーションは計算し尽くされ、緊張感に満ちている。展示室は自然光を取り入れ、時刻や季節の変化とともに表情を変える自然が息づく空間が意図された。水庭が光を反射して室内に届けることもある。その水庭や屋上庭園、テラスなど屋外部分にも、内部のギャラリーから連続して作品が展示されている。

　美術館の建設に際して新たに作品を制作したセラとケリーは、計画段階から参加して安藤と意見を交わした。作品に対して一切妥協しない彼らは、ときに設計の変更を求めたという。安藤も彼らの作品を見て提案し、結果的にピューリッツァー夫人が「ここに展示すると作品が本来の姿を見せる」と絶賛する美と機能性を備えた美術館となった。観客は小規模なこの美術館で、自宅でアートを体感するような特権を味わうことができる。

Photo: Mitsuo Matsuoka

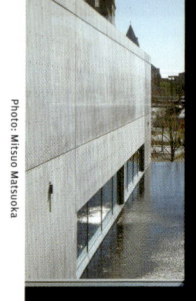

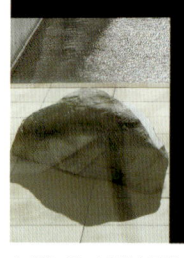

↑1階ロビーから見た風景。水庭と対比するようにスコット・バートンの作品《Rock Settee》(1988-1989年)が展示されている。
↓メインギャラリー。2層吹き抜けの空間に、水庭から反射した光が差し込む。

Photo: Mitsuo Matsuoka

Pulitzer Foundation for the Arts

ピューリッツァー美術館

●所在地	アメリカ ミズーリ州 セントルイス
●竣工	2001年7月
●延床面積	2,380.0㎡

↑左:外観。右:ピューリッツァー夫人と安藤。1999年撮影。

エルズワース・ケリーの作品〈Blue Black〉(2000年)のためにつくられた、メインギャラリー正面の壁。上部に作品を演出するトップライトが切り込まれている。
Photo: Robert Pettus

ドイツ／バードクロイツナッハ
ストーン・スカルプチュア・ミュージアム
Stone Sculpture Museum

「彼らは一つ一つの工程を
驚くほど時間をかけて、丁寧に進めた。
単なる改築工事ではない
特別な意味のある仕事であることを、
彼らもまた自覚していた」
── Tadao Ando

Keyword
#49

計画がスタートしたのは
1996年。14年の時を経
て、彫刻家夫妻の夢が実
現した。
Photo: Shigeo Ogawa

彫刻家夫妻の熱意と村人の誇りを形に

→移設前の納屋（中央）。切妻屋根の上部は木組みのみを残して壁は撤去された。18世紀の建築。

Photo: Ars Ligni

↑建設中。地元大工を中心に村の人たちも協力して完成した。予算は少なかったが、人々の思いがこもった美術館となった。

Photo: Bod Zapp

Stone Sculpture Museum

ストーン・スカルプチュア・ミュージアム

- ●所在地
  ドイツ
  ラインラントプファルツ州
  バードクロイツナッハ
- ●竣工
  2010年8月
- ●延床面積
  215.0㎡

↓《Steinbibliothek》（2007-2009年）を展示した2階の展示室。

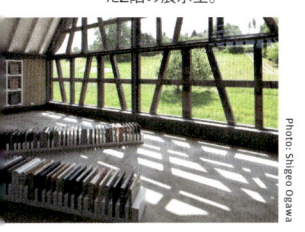

Photo: Shigeo Ogawa

小さな村の新しい顔となった小さな美術館

ドイツのフランクフルト郊外、バードクロイツナッハという村にある小さな美術館。彫刻家のヴォルフガング・クーバッハとその夫人アンナ・マリア・クーバッハ=ヴィルムゼンの依頼により、故郷に夫妻の作品を展示するために建てられた。長年、安藤のファンだったという夫妻が安藤の事務所を訪れ、設計を依頼したのは1995（平成7）年のこと。熱意は相当にあったが、予算が少なかった。そのため計画はなかなかまとまらず、完成した時には最初の依頼からすでに15年が経過していた。しかもその間に夫のヴォルフガングは亡くなり、夫人が亡夫の遺志を継いでいた。

安藤が提案したのは、一から建設するのではなく、この地域に特徴的な木造の納屋を改造するアイデアだった。夫人と、美術館のためにつくられた小さな財団のメンバーは18世紀に建てられた切妻屋根の納屋を探し出し、緑の丘に移設して修復。屋根は木組みだけを残し、その隙間から自然光が差し込んで、吹き抜けの壁に独特の光と影のパターンを生み出すよう計算された。小屋の下部や内部には地形に沿うようにコンクリートの壁が立てられ、石の彫刻を引き立てる新しい空間がつくられた。

地元大工の有志とクーバッハ夫妻の家族、村人たちがこぞって参加し、自分たちの手で石を積み、木を削った。そうして多くの人の情熱によって完成した美術館は、村に観光客を呼び寄せる評判の施設となった。

Keyword #50

シャトー・ラ・コスト アートセンター

Photo: Shigeo Ogawa

南仏エクサンプロヴァンスのワイナリーの敷地に、オーナー、パトリック・マッケラン氏の情熱によってつくられたアートと建築が融合したオープンミュージアム。建築界からはフランク・ゲーリー、ジャン・ヌーヴェル、レンゾ・ピアノ、ノーマン・フォスターも参加する一大プロジェクトで、安藤はマスタープランと、レセプションとなるアートセンターなどの設計を手がけた。

ブドウ畑が広がる250エーカー(約101.2ヘクタール)の広大な敷地に、一流アーティストたちの彫刻や建築が点在する。安藤は、セザンヌやゴッホにインスピレーションを与えた南仏の地に、自然と歴史、美術を人間が共有する環境をつくろうと考えた。アートセンターには、南仏の強い陽光と影のコントラストを感じながら思索する、長い回廊を設けた。周囲には広い水庭が広がり、L字型の建物に仕切られてルイーズ・ブルジョワの"スパイダー"や杉本博司の彫刻、アレキサンダー・カルダーのモビールが水中に置かれている。

丘の上に建つ小さなチャペルも安藤の設計だ。ローマ時代の遺跡を修復し、ガラスとコンクリートで囲んだ祈りの空間である。このほか、環境問題をテーマとしたインスタレーション《4 Cubes》とそれを包む木造のパビリオン、訪れた人の休息の場として機能する彫刻《Bench》も安藤の作。今後も各国のアーティストによる作品が展示される予定だ。

↑左:窓を開放して水庭を望む。右:ルイーズ・ブルジョワの作品《Crouching Spider 6695》(2003年)。

↑風景の中にアート作品が点在する。手前はショーン・スカリーの作品《Wall of Light Cubed》(2007年)。
↓安藤設計のチャペル。

←左:左からマッケラン氏、ジャン・ヌーヴェル、ノーマン・フォスター、安藤。2008年撮影。右:リチャード・セラの作品《AIX》(2008年)。

Photo: Shigeo Ogawa

Art Center in Château La Coste
シャトー・ラ・コスト アートセンター
- 所在地　フランス エクサンプロヴァンス
- 竣工　2011年5月
- 延床面積　5,020.0㎡

column
アートと建築のオープンミュージアム

「オーナーの強い思いが
プロジェクトを牽引して、
数々の現代美術が展示される
刺激的なアートの地として
現在も成長を続けている」
—— Tadao Ando

Photo: Shigeo Ogawa

↑アートセンターを囲む水庭に展示される作品のうちの一つ、アレキサンダー・カルダー《Small Crinkly》(1976年)。

Chapter 5 / Overseas

安藤忠雄プロジェクト一覧
ANDO's Projects

年	日本語名	English	期間	場所
1969年	大阪駅前プロジェクト I*	Osaka Station Area Reconstruction Project I	1969-	大阪府大阪市
1971年	スワン商会ビル―小林邸	Swan - Kobayashi House	1971-	大阪府大阪市
1972年	ゲリラ―加藤邸	Guerrilla - Kato House	1972-	大阪府大阪市
	冨島邸*	Tomishima House	1972-1973	大阪府大阪市
1973年	宇野邸	Uno House	1973-1974	京都府京都市
1974年	双生観―山口邸	Soseikan - Yamaguchi House	1974-1975	兵庫県宝塚市
	松村邸*	Matsumura House	1974-1975	兵庫県神戸市
1975年	ツインウォール	Twin Wall	1975-	-
	住吉の長屋―東邸*	Row House, Sumiyoshi - Azuma House	1975-1976	大阪府大阪市
	番匠邸	Bansho House	1975-1976	愛知県西加茂郡三好町
	帝塚山タワープラザ	Tezukayama Tower Plaza	1975-1976	大阪府大阪市
	ローズガーデン*	Rose Garden	1975-1977	兵庫県神戸市
1976年	帝塚山の家―真鍋邸	Tezukayama House - Manabe House	1976-1977	大阪府大阪市
	岡本ハウジング	Okamoto Housing Project	1976-	兵庫県神戸市
	領壁の家―松本邸	Wall House - Matsumoto House	1976-1977	兵庫県芦屋市
	甲東アレイ	Koto Alley	1976-1978	兵庫県西宮市
	北野アレイ*	Kitano Alley	1976-1977	兵庫県神戸市
1977年	アートギャラリーコンプレックス	Art Gallery Complex	1977-	東京都港区
	STEP	STEP	1977-1980	香川県高松市
	ガラスブロックの家―石原邸	Glass Block House - Ishihara House	1977-1978	大阪府大阪市
	ガラスブロックウォール―堀内邸	Glass Block Wall - Horiuchi House	1977-1979	大阪府大阪市
1978年	大西邸	Onishi House	1978-1979	大阪府大阪市
	松谷邸	Matsutani House	1978-1979	京都府京都市
	北野アイビーコート*	Kitano Ivy Court	1978-1980	兵庫県神戸市
	上田邸	Ueda House	1978-1979	岡山県総社市
	六甲の集合住宅 I*	Rokko Housing I	1978-1983	兵庫県神戸市
1979年	リンズギャラリー*	Rin's Gallery	1979-1981	兵庫県神戸市
	小篠邸	Koshino House	1979-1981	兵庫県芦屋市
1980年	中之島プロジェクト I*	Nakanoshima Project I	1980-	大阪府大阪市
	児島の共同住宅―佐藤邸	Kojima Housing - Sato House	1980-1981	岡山県倉敷市
	フェスティバル	Festival	1980-1984	沖縄県那覇市
	ビギ・アトリエ	BIGI Atelier	1980-1983	東京都渋谷区
1981年	梅宮邸	Umemiya House	1981-1983	兵庫県神戸市
	福原病院	Fukuhara Clinic	1981-1986	東京都世田谷区
	九条の町屋―井筒邸	Town House in Kujo - Izutsu House	1981-1982	大阪府大阪市
1982年	ドールズハウス	Doll's House	1982-	-
	MELROSE	MELROSE	1982-1984	東京都目黒区
	城戸崎邸	Kidosaki House	1982-1986	東京都世田谷区
	金子邸	Kaneko House	1982-1983	東京都渋谷区
	岩佐邸	Iwasa House	1982-1984	兵庫県芦屋市
1983年	TIME'S I	TIME'S I	1983-1984	京都府京都市

1969-1992

	TIME'S II	TIME'S II	1983-1991	京都府京都市
	アトリエ・ヨシエ・イナバ	Atelier Yoshie Inaba	1983-1985	東京都渋谷区
	中山邸	Nakayama House	1983-1985	奈良県奈良市
	畑邸	Hata House	1983-1984	兵庫県西宮市
1984年	リランズゲート＊	Riran's Gate	1984-1986	兵庫県神戸市
	太陽セメント本社ビル	Taiyo-Cement Headquarters Building	1984-1986	大阪府大阪市
	TSビル	TS Building	1984-1986	大阪府大阪市
1985年	六甲の教会	Chapel on Mt. Rokko	1985-1986	兵庫県神戸市
	ゲストハウスOLD／NEW六甲	Guest House OLD／NEW Rokko	1985-1986	兵庫県神戸市
	大淀の茶室	Tea House in Oyodo	1985-1985	大阪府大阪市
	渋谷プロジェクト	Shibuya Project	1985-	東京都渋谷区
	下町唐座＊	Shitamachi Kara-Za	1985-1988	東京都台東区
	六甲の集合住宅 II＊	Rokko Housing II	1985-1993	兵庫県神戸市
	水の教会＊	Church on the Water	1985-1988	北海道勇払郡占冠村
	GALLERIA [akka]	GALLERIA [akka]	1985-1988	大阪府大阪市
1986年	小倉邸	Ogura House	1986-1988	愛知県名古屋市
	コレッツィオーネ＊	Collezione	1986-1989	東京都港区
	ライカ本社ビル	Raika Headquarters Building	1986-1989	大阪府大阪市
1987年	光の教会＊	Church of the Light	1987-1989	大阪府茨木市
	兵庫県立こどもの館	Children's Museum, Hyogo	1987-1989	兵庫県姫路市
	ヴィトラセミナーハウス	Vitra Seminar House	1987-1993	ドイツ ヴァイル・アム・ライン
1988年	中之島プロジェクトII：アーバンエッグ＋地層空間＊	Nakanoshima Project II：Urban Egg & Space Strata	1988-	大阪府大阪市
	伊東邸	Ito House	1988-1990	東京都世田谷区
	ベネッセハウス ミュージアム＊	Benesse House Museum	1988-1992	香川県香川郡直島町
	姫路文学館	Museum of Literature, Himeji	1988-1991	兵庫県姫路市
1989年	シカゴ美術館屏風ギャラリー	Gallery for Japanese Screen, the Art Institute of Chicago	1989-1992	アメリカ シカゴ
	ロックフィールド静岡ファクトリー	ROCK FIELD Shizuoka Factory	1989-2000	静岡県磐田市
	サントリーミュージアム［天保山］＊	Suntory Museum & Plaza	1989-1994	大阪府大阪市
	1992年セビリア万国博覧会日本館＊	Japan Pavilion, Expo'92, Sevilla	1989-1992	スペイン セビリア
	真言宗本福寺水御堂	Water Temple	1989-1991	兵庫県淡路市
	熊本県立装飾古墳館	Forest of Tombs Museum, Kumamoto	1989-1992	熊本県山鹿市
1990年	十文字美信仮設劇場	Temporary Theater for Bishin Jumonji, Photographer	1990-1990	東京都新宿区
	姫路市立星の子館	Children's Seminar House, Himeji	1990-1992	兵庫県姫路市
	大阪府立近つ飛鳥博物館＊	Chikatsu-Asuka Historical Museum, Osaka	1990-1994	大阪府南河内郡河南町
	京都府立陶板名画の庭	Garden of Fine Art, Kyoto	1990-1994	京都府京都市
1991年	アサヒビール大山崎山荘美術館＊	Asahi Beer Oyamazaki Villa Museum	1991-1995	京都府乙訓郡大山崎町
	李邸	Lee House	1991-1993	千葉県船橋市
	鹿児島大学稲盛会館	Inamori Auditorium	1991-1994	鹿児島県鹿児島市
	兵庫県木の殿堂	Museum of Wood	1991-1994	兵庫県美方郡香美町
	ギャラリー野田	Gallery Noda	1991-1993	兵庫県神戸市
	市立五條文化博物館	Museum of Gojo Culture	1991-1995	奈良県五條市
	成羽町美術館	Nariwa Museum	1991-1994	岡山県高梁市
1992年	FABRICA＊	FABRICA, Benetton Communication Research Center	1992-2000	イタリア トレヴィゾ
	シカゴの住宅	House in Chicago	1992-1997	アメリカ シカゴ
	六甲の集合住宅 III＊	Rokko Housing III	1992-1999	兵庫県神戸市

ANDO's Projects

年	プロジェクト名 (日本語)	Project Name (English)	年度	所在地
1993年	日本橋の家―金森邸	House in Nipponbashi - Kanamori House	1993-1994	大阪市中央区
	淡路夢舞台*	Awaji-Yumebutai (Awaji Island Project)	1993-1999	兵庫県淡路市
	ベネッセハウス オーバル*	Benesse House Oval	1993-1995	香川県香川郡直島町
1994年	ユネスコ瞑想空間	Meditation Space, UNESCO	1994-1995	フランス パリ
	大阪府立狭山池博物館*	Sayamaike Historical Museum, Osaka	1994-2001	大阪府大阪狭山市
	ホンブロイッヒ／ランゲン美術館	Langen Foundation / Hombroich	1994-2004	ドイツ ノイス
	越知町立横倉山自然の森博物館	The Yokogurayama Natural Forest Museum, Ochi	1994-1997	高知県高岡郡越知町
	TOTOセミナーハウス	TOTO Seminar House	1994-1997	兵庫県淡路市
1995年	平野区の町屋―能見邸	Town House in Hirano - Nomi House	1995-1996	大阪府大阪市
	大谷地下劇場計画*	The Theater in the Rock, Oya	1995-	栃木県宇都宮市
	ギャラリー小さい芽―澤田邸	Gallery Chiisaime - Sawada House	1995-1996	兵庫県西宮市
	ピューリッツァー美術館*	Pulitzer Foundation for the Arts	1995-2001	アメリカ セントルイス
1996年	表参道ヒルズ*	Omotesando Hills	1996-2006	東京都渋谷区
	国際子ども図書館	The International Library of Children's Literature	1996-2002	東京都台東区
	ストーン・スカルプチュア・ミュージアム*	Stone Sculpture Museum	1996-2010	ドイツ バードクロイツナッハ
	スタジオ・カール・ラガーフェルド	Studio Karl Lagerfeld	1996-	フランス ビアリッツ
	マンハッタンのペントハウス	Penthouse in Manhattan	1996-	アメリカ ニューヨーク
1997年	ネパール子供病院	Shiddhartha Children and Women Hospital	1997-1998	ネパール ブトワル
	フォートワース現代美術館*	Modern Art Museum of Fort Worth	1997-2002	アメリカ フォートワース
	兵庫県立美術館＋神戸市水際広場*	Hyogo Prefectural Museum of Art & Kobe Waterfront Plaza	1997-2001	兵庫県神戸市
	光の教会 日曜学校*	Church of the Light, Sunday School	1997-1999	大阪府茨木市
	西田幾多郎記念哲学館	Nishida Kitaro Museum of Philosophy	1997-2002	石川県かほく市
	新潟市立豊栄図書館	Toyosaka City Library, Niigata	1997-2000	新潟県新潟市
	県立ぐんま昆虫の森 昆虫観察館	Gunma Insect World / Insect Observation Hall	1997-2004	群馬県桐生市
1998年	南岳山光明寺	Komyo-Ji Temple	1998-2000	愛媛県西条市
	家プロジェクト「南寺」*	Art House Project "Minamidera"	1998-1999	香川県香川郡直島町
	司馬遼太郎記念館*	Shiba Ryotaro Memorial Museum	1998-2001	大阪府東大阪市
1999年	マンチェスター市ピカデリー公園	Piccadilly Gardens Regeneration, Manchester	1999-2002	イギリス マンチェスター
	見えない家	Invisible House	1999-2004	イタリア トレヴィゾ
2000年	国際芸術センター青森	Aomori Contemporary Art Center	2000-2001	青森県青森市
	アルマーニ・テアトロ	Armani / Teatro	2000-2001	イタリア ミラノ
	地中美術館*	Chichu Art Museum	2000-2004	香川県香川郡直島町
	加賀市立錦城中学校	Kinjo Junior High School, Kaga	2000-2002	石川県加賀市
2001年	クラーク美術館増築計画	Sterling and Francine Clark Art Institute Expansion Project	2001-	アメリカ ウィリアムズタウン
	野間自由幼稚園	Noma Kindergarten	2001-2003	静岡県伊東市
	4×4の住宅	4X4 House	2001-2003	兵庫県神戸市
	グラウンド・ゼロ・プロジェクト	Ground Zero Project	2001-	アメリカ ニューヨーク
2002年	六甲プロジェクト IV*	Rokko Project IV	2002-2009	兵庫県神戸市
	仙川の集合住宅 I*	Sengawa Housing I	2002-2004	東京都調布市
	絵本美術館	Iwaki Museum of Picture Books for Children	2002-2004	福島県いわき市
2003年	ロックフィールド神戸ヘッドオフィス／神戸ファクトリー	ROCK FIELD Kobe Headquater / Kobe Factory	2003-2005	兵庫県神戸市
	加子母村ふれあいコミュニティセンター	Kashimo-Mura Community Center	2003-2004	岐阜県中津川市
	ICED TIME TUNNEL / THE SNOW SHOW 2004	Iced Time Tunnel / The Snow Show 2004	2003-2004	フィンランド ロヴァニエミ
	坂の上の雲ミュージアム	Saka No Ue No Kumo Museum	2003-2006	愛媛県松山市

1993-2012

年	日本語名	English Name	期間	所在地
	仙川アベニュー・アネックスⅡ*	Sengawa Avenue Annex Ⅱ	2003-2004	東京都調布市
	東京アートミュージアム*	Tokyo Art Museum	2003-2004	東京都調布市
	morimoto nyc	morimoto nyc	2003-2006	アメリカ ニューヨーク
	マリブの住宅	House In Malibu	2003-	アメリカ マリブ
2004年	滋賀の住宅	House in Shiga	2004-2006	滋賀県大津市
	21_21 DESIGN SIGHT*	21_21 DESIGN SIGHT	2004-2007	東京都港区
	ベネッセハウス パーク／ビーチ*	Benesse House Park, Beach	2004-2006	香川県香川郡直島町
	ノバルティス研究施設棟	Novartis WSJ-352	2004-2010	スイス バーゼル
	聖心女子学院 創立100周年記念ホール	Sacred Heart School, 100th Anniversary Hall	2004-2008	東京都港区
	横浜地方気象台	Yokohama Local Meteorological Observatory	2004-2009	神奈川県横浜市
	ゴールデン・ゲート・ブリッジの住宅	Golden Gate Bridge House	2004-	アメリカ サンフランシスコ
2005年	東急東横線渋谷駅*	Tokyu Toyoko-Line Shibuya Station	2005-2008	東京都渋谷区
	さくら広場	Sakura Hiroba	2005-2006	千葉県習志野市
	パラッツォ・グラッシ再生計画*	Palazzo Grassi Renovation	2005-2006	イタリア ヴェネツィア
	テアトリーノ	Teatorino	2005-	イタリア ヴェネツィア
	仙川デルタ・スタジオ*	Sengawa Delta Studio	2005-2007	東京都調布市
	情報学環・福武ホール*	Interfaculty Initiative in Information Studies Fukutake Hall	2005-2008	東京都文京区
	ハンソル・ミュージアム	Hansol Museum	2005-2012	韓国 原州
	済州島 ＜石の門＞＜風の門＞	Gate of Stone and Gate of Wind in Jeju Island	2005-2008	韓国 済州島
2006年	プンタ・デラ・ドガーナ再生計画*	Punta della Dogana Renovation	2006-2009	イタリア ヴェネツィア
	仙川の集合住宅Ⅱ*	Sengawa Housing Ⅱ	2006-2012	東京都調布市
	アブダビ海洋博物館	Abu Dhabi Maritime Museum	2006-	アラブ首長国連邦 アブダビ サーディヤット島
	シャトー・ラ・コスト アートセンター*	Art Center in Château La Coste	2006-2011	フランス エクサンプロヴァンス
	モンテレイの住宅*	House in Monterrey	2006-2011	メキシコ モンテレイ
	東急大井町線上野毛駅*	Tokyu Oimachi-Line Kaminoge Station	2006-2011	東京都世田谷区
2007年	モンテレイ大学 RGSセンター*	Roberto Garza Sada Center, the University of Monterrey	2007-2012	メキシコ モンテレイ
	バーレーン考古学博物館	Bahrain Archeological Museum	2007-	バーレーン マナーマ
	アジア大学美術館	Asia Universty Art Museum	2007-	台湾 台中
	靱公園の住宅	House in Utsubo Park	2007-2010	大阪府大阪市
	李禹煥美術館*	Lee Ufan Museum	2007-2010	香川県香川郡直島町
2008年	北京国子監ホテル＋美術館	Beijing Guozijian Hotel & Museum	2008-	中国 北京
	名古屋の住宅	House in Nagoya	2008-2010	愛知県名古屋市
	森の霊園・水の納骨堂	Water Charnel, Cemetery in the Woods	2008-	台湾 台北
2009年	秋田県立美術館	Akita Museum of Art	2009-2012	秋田県秋田市
	bONTE MUSEUM	bONTE MUSEUM	2009-2012	韓国 済州島
	カルロス・プレイス"サイレンス"	Carlos Place "Silence"	2009-2011	イギリス ロンドン
	上海保利大劇場	Shanghai Poly Theater	2009-2013	中国 上海
	震旦美術館	Aurora Museum	2009-2012	中国 上海
	半山半島美術館＋劇場センター	Serenity Coast Art Museum & Performing Arts Center	2009-	中国 三亜
2010年	良渚村文化芸術センター	Liangzhu Village Cultural Art Center	2010-	中国 杭州
	千島湖カペラホテル	Capella Resort Qiandao Lake	2010-	中国 千島湖
2011年	上方落語協会会館*	Kamigata-Rakugo House	2011-2012	大阪府大阪市
	ISAプロジェクト	ISA Project	2011-	イタリア ボローニャ
2012年	元美術館	Yuan Museum	2012-	中国 北京
	世紀美術館	Century Art Museum	2012-	中国 北京

*代表的なプロジェクトを抜粋して掲載。
*開始年のみを掲げたものは提案または継続中のプロジェクト。
*プロジェクト名の後ろに*がついているものは本書掲載のプロジェクト。

あとがき

　建築を志す人たちを含め、若い人が本を読まなくなって久しい。そもそも建築学科に入ってくる学生の数が激減しているらしいが、若い人たち、そして建築を志している人たちにこそこの本を手にとってほしい。

　確かに、今の日本で建築産業の元気がないのは時代の流れで仕方のない部分もある。しかし建築、都市というものは生活の基盤であり、それを扱う分野に若い才能が集まらないという事実は、建築界だけでなく、社会全体にとって由々しきことだと思う。

　日本では特に、建築家の社会的地位が低く、経済的にはあまりむくわれない職業かもしれない。だが芸術から技術、文学、社会といろいろな問題を考えながら、自分の想像力を頼りに新しい価値を生み出し、それが人々に使われ街に息づいていく過程を見届けることができる建築家は、やりがいのある夢多き仕事だ。

　また、東日本大震災後の原発問題であらためて気づかされたが、エネルギーの不足という、人間活動の根幹にかかわる問題を私たちは抱えている。増え続ける地球人口、その一方で枯渇する資源、食料、エネルギー……。このままでは地球がもたない、何とかしなければならない──こういう転換期に、私は環境づくりの専門家として、建築家だからこそ果たせる役割というものがあると思う。この新しい道を切り拓いていくのは大変だろうが、社会と関わって、周りの人間を巻き込んでつくっていくようでないと生きることは面白くないだろう。

　そうした個人の生きていくモチベーションの高まり、覚悟の強さが、この傾いた日本を立て直すと私は信じている。

—— Tadao Ando

写真協力
五十音・アルファベット順、敬称略

安藤忠雄建築研究所●市川かおり●大橋富夫●小川重雄●白鳥美雄●新建築社●名執一雄●平井広行●福岡将之●藤塚光政●松岡満男●吉村昌也／ナカサアンドパートナーズ●Andrea Jemolo●Ars Ligni●Bod Zapp●Francesco Radlino●Michael Kellough●Orsenigo Chemollo●Robert Pettus / The Pulitzer Foundation for the Arts

協力機関、協力者
五十音・アルファベット順、敬称略

朝日新聞社●アサヒグループホールディングス●アサヒビール大山崎山荘美術館●芦屋市立美術博物館●尼崎市総合文化センター●茨木春日丘教会●大阪市建設局総務部企画課●大阪市建設局道路部橋梁課●大阪市史編纂所●大阪市中央公会堂●大阪市都市工学情報センター●大林組●加賀高之●上方落語協会●紙久図や京極堂●京都国立近代美術館●京都大学文書館●清春芸術村●劇団唐組●神戸外国倶楽部●神戸港管理事務所●神戸市産業振興局観光コンベンション課●神戸市立博物館●国土交通省大阪国道事務所●国立国会図書館●小林緑●狭山池博物館●サントリーホールディングス●司馬遼太郎記念館●丹下都市建築設計●近つ飛鳥博物館●21_21 DESIGN SIGHT●東京急行電鉄●東京大学大学院 情報学環●直島町総務課企画電算室●日本万国博覧会記念機構●ひのき草木染織工房 加納容子●兵庫県立美術館●フォトライブラリー●福武財団●ふくやま美術館●ベネッセホールディングス ベネッセアートサイト直島 直島事業室直島オフィス●毎日新聞社●森ビル 表参道ヒルズ運営室●夢舞台●Fondation le Corbusier●fotolia●PIXTA●Rue des Archives

＊本書収録の図版、写真のうちクレジットの記載のないものは、安藤忠雄建築研究所が制作または撮影したものです（一部を除く）。
＊本書収録の図版、写真などの一部に所蔵者不明のものがあります。お心当たりのある方はご一報ください。

愛犬・コルビュジエ
Corbusier

　事務所に、1匹の犬がやってきたのは、1982（昭和57）年のことだった。

　20世紀を代表する偉大なる建築家に少しでも近づきたいという私たちの思いもあって、その犬は"コルビュジエ"と名付けられ、事務所で育てていくことになった。

　1989（平成元）年、L'Académie d'Architecture（フランス建築アカデミー）のゴールドメダルを受賞した際、コルビュジエが欲しそうな顔をしていたので、安藤はそのメダルを愛犬にも分けることにした。

　はじめはもの珍しそうにメダルの破片を下げていたコルビュジエだったが、重かったのか、そのうち煩わしそうにしはじめたので、外してしまった。

　長い歴史をもつL'Académie d'Architectureは、フランス建築界の権威を表しているといっていい。そのゴールドメダルを割る行為を理解できない人も多いだろう。しかし、安藤は、ともに生きる愛犬とひと時共有できる喜びを感じようとしたのだ。私から見れば、非常に安藤らしいと思う。

　　　── Yumiko K. Ando

Insight Guide 2

TADAO ANDO
Insight Guide

安藤忠雄と
その記憶

50 Keywords about TADAO ANDO

安藤忠雄建築研究所

安藤忠雄
Tadao Ando

矢野正隆
Masataka Yano

岩間文彦
Fumihiko Iwama

岡野一也
Kazuya Okano

水谷孝明
Takaaki Mizutani

若山泰伸
Hironobu Wakayama

矢野英裕
Hidehiro Yano

十河完也
Kanya Sogo

林慶憲
Yoshinori Hayashi

森詩麻夫
Shimao Mori

三浦朋訓
Tomonori Miura

宮村和寿
Kazutoshi Miyamura

竹内誠一郎
Seiichiro Takeuchi

須藤謙介
Kensuke Suto

森山一
Hajime Moriyama

生沼広之
Hiroyuki Oinuma

鴻野吉宏
Yoshihiro Kono

池原靖史
Yasushi Ikehara

飯田英彰
Hideaki Iida

渡辺崇徳
Takanori Watanabe

小野龍人
Tatsuhito Ono

ボダ ピーター
Peter Boda

古平知沙都
Chisato Kodaira

林田安紀子
Akiko Hayashida

樋口彩乃
Ayano Higuchi

七里玉緒
Tamao Shichiri

佐藤久恵
Hisae Sato

安藤由美子
Yumiko K. Ando

執筆
安藤忠雄
松葉一清
安藤忠雄インサイトガイド制作委員会

総合プロデュース、アートディレクション
岡本一宣

企画
上西俊彦（講談社ビーシー）

編集
成田美友
中島理恵

撮影
蓮井幹生（表紙）
栗林成城

デザイン
小埜田尚子、山崎友歌
中川寛博、尾崎行欧
花房慎一、俵拓也、高橋快
井上友里、鍋田哲平、富樫祐介
田嶋諒、芝田千絵、小竹美雪
(o.i.g.d.c.)

翻訳
テメル華代

オペレーティングデザイン
青山美香

校閲
嶋﨑吉信、川田秋穂

制作進行
足立千佳子、青山雅子 (o.i.v.c.o.)

アカウントマネージメント
岡本久美子、後藤エミ子 (o.i.v.c.o.)

プリンティングディレクション
栗原哲朗（図書印刷）

印刷営業
澁谷武志（図書印刷）

TADAO ANDO Insight Guide
安藤忠雄とその記憶
2013年2月28日　第1刷発行
2021年5月20日　第8刷発行

著者
安藤忠雄

発行者
出樋一親
髙橋明男

編集発行
株式会社講談社ビーシー
〒112-0013　東京都文京区音羽1-2-2
電話03-3941-5771

発売発行
株式会社講談社
〒112-8001　東京都文京区音羽2-12-21
電話（販売部）03-5395-3606
　　（業務部）03-5395-3615

印刷・製本
図書印刷株式会社

本書のコピー、スキャン、デジタル化等による無断複製は、著作権法上での例外を除き禁じられています。本書を代行業者等の第三者に依頼してスキャンしたりデジタル化したりすることは、たとえ個人や家庭内の利用でも著作権法違反です。
落丁本・乱丁本は購入書店名を明記のうえ、講談社業務部宛にお送りください。送料は小社負担にてお取り替えいたします。なお、この本についてのお問い合わせは講談社ビーシーまでお願いいたします。
定価はカバーに表示してあります。

ISBN978-4-06-218298-0　©TADAO ANDO 2013年　Printed in Japan

Tadao Ando Architect & Associates